# मीरा के मुहम्मद

भाविन शास्त्री

First published in 2022 by
BecomeShakespeare.com

One Point Six Technologies Pvt Ltd.
119-123, 1st Floor, Building J2, B - Wing, WadalaTruck Terminal,
Wadala East, Mumbai, Maharashtra, India, 400022.
T:+91 8080226699




ISBN: 978-93-5458-217-2

# लेखक

एक ऐसे व्यक्तित्व जिनकी कला की प्रशस्ति सरहदों के पार तक विस्तृत है| प्रख्यात सूफ़ी गायक, जो कि आध्यात्मिकता की राह पर अग्रसर हैं और स्वयं कि खोज में ख़ुद अपने नेतृत्व को प्राथमिकता देते हैं| लेखक अपनी रचनात्मकता को अपनी ताकत मानते हैं, जो उनके गायन और लेखन में साफ़ देखी जा सकती है|

# रेगिस्तान की अनमोल धरोहर, मीरा और मुहम्मद

कुछ रहे ना रहे, ये धरोहर यूँ ही रहेगी|

एक तरफ़ मुहम्मद साहब ने ,जिन्हें हम पैगम्बर कहते हैं ,इस्लाम की यानि कि एक धर्म की स्थापना को अपना कर्म और जीवन बना लिया और फ़िर धर्म की रक्षा में अपनों की और अपने जीवन की क़ुर्बानी तक से पीछे नहीं हटे|

तो दूसरी तरफ़ मीरा जिसने प्रेम के ऐसे अन-लिखे धर्म की स्थापना की जिस पर कर्म का मार्गदर्शन टिका हुआ है| मोहन को साक्षी मानकर, मीरा ख़ुद प्रेम की भाषा, प्रेम की वाणी बन गई|

बात समर्पण की थी तो जहाँ पैगम्बर कर्म के पथ पर समर्पित हो गए, वहीं मीरा प्रेम के| मीरा जैसे एक उदाहरण, एक धर्म ही हो गई प्रेम का|

कुरान शरीफ़, जो कि मुहम्मद साहब के शब्दों को एकीकृत करके बनाया गया एक ग्रन्थ है वो आज भी हमारा मार्गदर्शन कर रहा है, वहीं मीरा का जीवन ही ख़ुद में एक ग्रन्थ, समर्पण का|

दोनों के ही विश्वास में ज़िद और अडिगता भी है, और कर्म में करुणा और संवेदनशीलता| इसके साथ उस तीसरे का जो दिखाई तक नहीं देता, उसका स्वीकार दोनों का मज़हब|

तो यह बात है रेगिस्तान की मिट्टी से उठे ऐसे पैगम्बर मुहम्मद और दीवानी मीरा की।

# मीरा के मुहम्मद- परिचय

बात सिर्फ सम्भावना की|

पुस्तक का नाम सुनकर किसी निष्कर्ष पर पहुचने से पहले हम इसके बारे में थोड़ा सा जान ले|

यह पुस्तक उस सम्भावना की बात करती है जिसको हम प्रेम और भक्ति के रूप में जानते हैं| गौतम बुद्धा के जीवन काल के बारे में जानने वाले हर व्यक्ति को यह मालूम है कि बुद्ध सबके लिए होना संभव है क्योंकि वह बात नाम या व्यक्ति विशेष की नहीं होकर अवस्था की है|

मीरा प्रख्यात संत तो हुई पर उनकी अवस्था को सिर्फ उनके नाम के बंधन में बांध कर या कृष्ण की भक्ति में बांध कर देखा गया है| इस किताब में मुख्यतः ट्रांसफॉर्मेशन की बात है, जो सबके लिए संभव है|

इस पुस्तक का मुख्य उद्देश्य नाम के पार की अवस्था के बारे में उल्लेख करना है जिसकी तरफ़ कभी संभवतः किसी का ध्यान नहीं गया| यही कारण है कि हम इसको सम्भावना की किताब कह रहे हैं|

उम्मीद है हम आपके समक्ष सोचने के लिए एक नया दृष्टिकोण प्रस्तुत कर पाएंगे|

# विषयसूची

# विश्वास

सुबह आँखे खुलती है और हम ख़ुद को जीवित पाते हैं। इससे बढ़कर क्या कोई और प्रमाण हो सकता है ईश्वर के होने का? पर जब उस होने में होने वाला नहीं हो तो इस उपस्थिति को कोई साकार रूप में कैसे मान लें? सच तो यह ही है कि कोई तो रचयिता है जिसकी वज़ह से पूरे ब्रह्मांड में हर पल एक नियंत्रण देखा जा रहा है। क्या ये सवाल हमारा ध्यान आकर्षित नहीं करता कि किसी ने नवजात शिशु को सांस लेना नहीं सिखाया, फिर भी वह सांस ले पा रहा है? विचलित क्यों नहीं होता मन यह सोचकर कि मछली को कोई भी तैरना नहीं सिखाता, फिर भी वह जीवन यापन करती है? हर प्राणी अलग, सबकी ज़रूरते भिन्न, फिर भी सृष्टि में ढेर सारे विभिन्न जीवों का समावेश है। उनके जीवित रहने की सम्पूर्ण व्यवस्था है। सबके कर्म भी एक दुसरे से जुड़े होते हुए भी अलग हैं। जैसे कि शेर का कर्म है हिरन का शिकार करना और हिरन का कर्म है अपने जीवन का बचाव करते हुए फिर आख़िर में एक दिन शिकार हो जाना।

यह सब इतनी सहजता से कैसे चल रहा है? क्या इसे कोई चला रहा है?

क्या यह सोच नहीं जगती हम में?

सोच !

हाँ, सबसे ख़ास चीज़ जो सिर्फ़ मनुष्य के पास ही है। अगर सोच है तो हम आगे बढ़ रहे हैं, एक खोज की गुंजाईश है। वरना तो मनुष्य का विकास ही रुक जाएगा। विकास के भी अलग-अलग मायने और पड़ाव है।

अभी वापस आते हैं विश्वास के विषय पर। उस अदृश्य शक्ति पर जिसके होने का प्रमाण तो है, पर उपस्थिति नहीं।

क्या यह बात एक दृढ़ विश्वास क़ायम नहीं करती हम में?

क्या होता है यह विश्वास? और क्या है इसका महत्व एक मनुष्य के जीवन में?

ईश्वर बस एक भ्रम है। और उसके साथ ही यह भी एक भ्रम कि वह नहीं है। दरअसल हमें भगवान पर विश्वास रखना ही चाहिए क्योंकि वह है ही नहीं और जब हमें इस बात पर विश्वास हो जाए कि वह नहीं ही है तो शायद विश्वास का होना और भी आसान हो जाता है।

जब उसके होने और न होने दोनों में ही एक जैसा अटल सत्य दिखाई देने लगे तो हम तैयार हो जाते हैं, ख़ुद पर भरोसा करने के लिए। अब अगर कोई है ही नहीं, किसी की उपस्थिति ही नहीं है तो स्वयं पर विश्वास रखना सबसे ज़रूरी हो जाता है, क्योंकि आख़िरकार हम तो है ही। और शायद यही एक मात्र उपाय भी है, स्वयं पे विश्वास।

सत्य, अहिंसा, दया, करुणा, सहिष्णुता, सहनशीलता आदि जैसे गुणों को ईश्वर का चरित्र माना गया है और वही चरित्र हम स्वयं में पा सकते हैं। तो यह वही बात हुई, भगवान पर विश्वास रखने की, कि यह सारी तैयारियाँ हमे ख़ुद पर ही विश्वास दिलाने के लिए है।

मीरा जानती थी कि कोई और ईश्वर किसी और रूप में है ही नहीं, इसीलिए मीरा ने सारी उर्जा और भक्ति का केंद्र स्वयं को ही मान लिया और अपने मोहन का अंगीकार करके स्वयं की खोज में चल पड़ी। मोहन से प्रेम करना उदाहरण है इस बात का कि मीरा ख़ुद को यह यक़ीन दिलाना चाहती थी कि कोई वास्तविक उपस्थिति में ऐसा होता ही नहीं है जिससे आप प्रेम कर सकें। और जब कोई नहीं है तो आप स्वयं ही हो। यहाँ से विश्वास शुरू होता है भगवान के नहीं होने का और खुद के होने में ही उसके होने का।

और जब यह विश्वास चरम पर पहुँच जाता है तब हमारी ख़ुद की क्षमता इतनी बढ़ जाती है कि हमारे लिए कोई और महत्वपूर्ण रह ही नहीं जाता| और फिर यहाँ से शुरू होता है मीरा से मैं का प्रवास। मुहम्मद से-मोहन से- मैं का प्रवास। मनुष्य का चैतन्य में रूपांतरण।

मीरा से मुहम्मद का प्रवास ;

मीरा के मुहम्मद का सफर।

# मीरा के मुहम्मद

क्या नाम पढ़कर चौंक गए?

क्या हम सोच सकते हैं कि मीरा और मुहम्मद का  समामेलन हो? एक अलौकिक विलय, जैसे कि मीरा की चेतना और मुहम्मद साहब के संज्ञान का सम्मलेन!

मुहम्मद मीरा के लिए दृढ़ता और धैर्य का एक अनंत प्रवाह, जो अनंत काल से चल रहा हो, समय के भेद से परे। और मीरा उनके लिए क्षमता, समर्पण की।

क्या ऐसा नहीं है कि थोड़ी-सी मीरा हम सब में हैं और थोड़े से मुहम्मद साहब भी, हर एक में? और इन दोनों के अंश से एक संपूर्ण जीवन बनता है।

हम इस बात से अंजान है कि हर मनुष्य के पास, उस अलौकिक चेतना को पाने की पूरी गुंजाईश है ही।

हम सब उस विराट चैतन्य का ही हिस्सा हैं, जिसका हिस्सा मीरा थी और मुहम्मद साहब भी।

जब हमारा एकाकार उस चेतना से होता है, जब हम उसके साथ पूर्ण रूप

से एकीकृत होते हैं, तब ही हम स्वयं को जान पाते हैं, समझ पाते हैं। जैसे मीरा ने ख़ुद को जाना और कृष्ण बने उनके लिए ज़रिया, अस्तित्व विहीन माध्यम से, जिवंत स्वयं की तरफ़ मुड़ने का ज़रिया।

मीरा का जिस स्वयं के अलौकिक रूप से एकाकार संभव हुआ, वैसी ही संभावना हर मनुष्य के पास है।

पर यह ज़रूरी नहीं कि ज़रिया कृष्ण ही हो।

क्या ऐसा हो सकता है कि मीरा को जो चेतना का अवसर कृष्ण से मिला, वही उनको मुहम्मद साहब से भी मिल जाता? वह विराट चेतना, किसी तरह की सीमाओं या शर्तों पर तो नहीं टिकी थी । और सिर्फ मुहम्मद साहब की ही क्यों बात करें?

हम यह समझने में ही चूक गए कि मीरा की भक्ति किसी माध्यम के लिए नहीं थी, इसका किसी और से कोई संबंध ही नहीं है। वह उनके स्वयं की ही खोज थी। तो माध्यम तो कोई भी हो सकता है और ज़रूरी नहीं कि ज़रिया कोई और ही हो, हम स्वयं भी हो सकते है। आखिर खोज भी तो स्वयं की ही है।

क्या हम ऐसा मान सकते हैं कि कई मीरा और मुहम्मद हमारे बिच ही हों, हमारे भीतर बिराजमान हो, बस हम उनसे अंजान हो?

क्या उसे समझने की लालसा नहीं जगती हम में?

हम ऐसा मानकर चल रहे हैं कि यह पुस्तक पढ़ने वाले हर किसी को मीरा और मुहम्मद साहब के बारे में जानकारी होगी ही। अगर नहीं है, तो इस पुस्तक को समझने में थोड़ी मुश्किल होगी।

यह नाम पढ़कर पहला ख़्याल क्या आता है?

हम बता दें कि हम यहाँ धर्म की कोई चर्चा नहीं करने वाले हैं।

यह धर्म के आधार पर विभाजन की, या विभाजन के धर्म की किताब नहीं है। तो इसमें कोई हिंदू मुसलमान की बात नहीं होने वाली है।

इसमें बस एक सवाल है, क्या हम मीरा के मोहन के बजाय, मीरा के मुहम्मद को स्वीकार कर सकते हैं? क्या मीरा और मुहम्मद साहब को एक साथ स्वीकार कर सकते हैं? और क्या मीरा को वही सम्मान और दर्जा दे सकते हैं? वैसे सम्मान का तो क्या ही कहना, मीरा तो कृष्ण की होने के बावजूद भी उन्हें भी न पा सकी। पर उनको कृष्ण चाहिए भी कहाँ थे?

अगर कृष्ण की बजाय मीरा की भक्ति मुहम्मद साहब की हो जाये, तो क्या मीरा नहीं पा सकेगी उस अद्भुत मस्ती और शांति को जो उन्होंने कृष्ण भक्ति में पाया?

आख़िर भक्ति तो मुक्त है, उसमें कोई बंधन नही।

यह पुस्तक हर एक को बस संभावनाओं का मार्ग दिखाने के लिए ही है। और यह बताने के लिए कि, मानव का स्वयं के उत्कृष्ट रूप से एकाकार होना निश्चित है, अगर हम संभावनाओं को सही तरह से समझ पाए तो।

क्या हम एक बार, सदियों से बनी मीरा की छवि को सीमाओं से बाहर निकल कर देखना नहीं चाहेंगे? क्या मीरा को स्वतंत्रता देना नहीं चाहेंगे कि वह अपने चयन स्वयं करे? हो सकता है कि मीरा का ज़रिया ही बदल जाए क्योंकि ज़रिया कोई भी हो, मंज़िल तो एक ही है। हो सकता है कि जो त्याग और तपस्या मीरा ने पहले की, वह दुबारा कर पाए, या यह भी हो सकता है कि ज़रूरत ही न पड़े।

तो यहाँ इक बार फिर इस बात का स्मरण रहे कि हम धर्म की या

धार्मिकता की बात नहीं कर रहे हैं।

यह किताब उन संभावनाओं के बारे में है जो सदियों पहले मीरा और मुहम्मद साहब के पास थी। दो लोग जो अलग-अलग समय पर हुए, दोनों के बीच वर्षों का अंतर, सदियों का अन्तराल, पर आध्यात्मिक खोज दोनों की एक जैसी ही रही। वही अस्तित्वविहीन ज़रिया जिसने स्वयं से एकाकार करवा दिया उनका, और फिर वह दोनों ही एक अद्भुत हर्ष और विवेक की अवस्था में पहुँच पाए। ऐसी सहजता में कि अनुभूति का भी कोई विचार और सोच ही शेष न रहे।

यहाँ कई सवाल खड़े होते हैं। क्या मीरा मुहम्मद साहब के रास्ते मोहन तक पहुँच सकती थी? या मीरा मुहम्मद ही थी जो मोहन तक पहुँच पाई? या शायद मीरा को मुहम्मद या मोहन किसी तक पहुँचना ही नहीं था। यह सिर्फ़ एक ज़रिया था जो केवल ख़ुद को सुरक्षित रखने के लिए अपनाया गया था, जैसे कि एक ढाल, नाम की ढाल।

क्या मोहन को मीरा, मुहम्मद साहब के रास्ते से स्वीकार होंगी या नहीं? क्या मोहन का मीरा को स्वीकार करना ज़रूरी भी है? बात तो सिर्फ़ मीरा की है, संभावना की। तो उस संभावना में मीरा को तो दोनों ही स्वीकार्य थे, मोहन भी और मुहम्मद साहब भी क्योंकि उसको सबसे पहले ख़ुद का स्वीकार था।

आजतक हमने जो प्रेम की कहानियाँ सुनी, समर्पण देखा या सुना, मित्रता में भी अगर कुछ आवश्यक रहा तो वह है उन लोगों की शारीरिक उपस्थिति। हर सन्दर्भ में दो लोग एक दूसरे के साथ वास्तविक परिस्थिति में मौजूद थे।

ऐसा शायद हम पहली बार अनुभव करेंगे कि केवल भावनात्मक रूप से कैसे यह लोग एक दूसरे से जुड़े हुए थे। मोहन, मुहम्मद साहब और मीरा यह तीनों दरअसल कभी एक दूसरे के जीवन काल में साक्षात उपस्थित नहीं थे। पर फिर भी ऐसी घनिष्ठता देखि जा सकती है इनमें

कि उपस्थिति तो बहुत तुच्छ मालूम पड़ती है इनके संग के सामने।

ना जाने कैसे पी गयी होंगी विष का प्याला मीरा मोहन का नाम भर ले कर ?

क्या ऐसे एक हुआ जा सकता है? या ऐसे ही हम एक हो सकते हैं।

एक अद्भुत शुचिता - यही तो है मीरा!

# स्वीकार

स्वीकार का सही अर्थ आख़िर क्या है? बस बहुत हुआ, या अब जो है वह यही है, या यह भी कि जो है वह ठीक है? पर उसे अगर बदलाव की आवश्यकता हो तो स्वीकार पथ पर चलते हुए भी कर्म ऐसे हों कि एक उद्देश्य की स्थापना हो। मुहम्मद अगर केवल परिस्थिति का स्वीकार करके ही रह जाते तो इस्लाम स्थापित नहीं होता।

अगर सिर्फ़ स्वीकार से ही सब हो पाता तो ग्रंथों को लिखे जाने की ज़रूरत ही क्या पड़ती? गीता या कुरान जहाँ एक तरफ़ बात करते हैं समर्पण की, स्वीकार की वहीं क्षमता की भी बात करते हैं।

लेकिन इसके साथ यह भी समझने की बात है कि स्वीकार के बिना भी क्या कुछ संभव है? मानो या न मानो, होता तो वही है जो निश्चित है। अगर इस बात का स्वीकार हुआ, तो ही संभव है अपने कर्मों को समझ पाना और आगे आने वाले समय की दस्तक और ज़रूरत को जान पाना, फिर क्षमता के अनुसार कर्म कर पाना।

शंका, डर, दुख, प्रेम, हर्ष, ईर्ष्या, क्रोध यह सब बहुत स्वाभाविक भावनाएँ हैं। कोई भी मनुष्य इनसे अलग, इनसे दूर नहीं रह सकता।

हम इनका अस्वीकार नहीं कर सकते और ना ही इसे अन्यथा ले सकते हैं क्योंकि यही वह सारे रास्ते हैं जिनसे होकर हम स्वीकार या कृतज्ञता का सही अर्थ समझ पाते हैं।

जीवन जैसा मिले उसे वैसा ही जी लेना, असल में यही अर्थ है स्वीकार का। पर क्या यह इतना आसान है? क्या जीवन को हम प्रार्थना में मिले प्रसाद की तरह देख सकते हैं? क्या हमने कभी साँस के चलने के लिए कृतज्ञता का अनुभव किया है? साँसें तो हमने मांगी ही नहीं थी कभी, फिर भी बिना रुके चल रही है। तो क्या ऐसा नहीं हो सकता कि हम साँस की तरह ही हर एक चीज़ को सहर्ष आत्मसात कर लें? अपने भाव को भी?

क्या हमने कभी प्रसाद के रंग और स्वाद का विश्लेषण किया है?

'जो जैसा है उसमें कुछ विशेषता अवश्य होगी', यह सोच बाक़ी सभी भाव को स्वीकार में रूपांतरित करती है।

अगर हम दुखों के पहाड़ तले दबे हुए हैं तो शायद उसका भी कोई प्रयोजन होगा। हमारी मन:स्थिति बदलने का कोई उपाय छिपा होगा, उत्थान का मार्ग भी हो सकता है। अगर कोई परेशानी आई है तो उसमे हमें निखारने का अवसर भी अवश्य ही होगा।

पर इस सोच का भी स्वीकार कर लेना सही है कि अगर शंका हो रही है तो वह भी स्वाभाविक है । इसके बाद हम देखेंगे कि शंका स्वतः ही ख़त्म हो जाएगी। किसी भी तरह से किसी भाव का अस्वीकार करके हम उसे दबाने या छुपाने की कोशिश करें तो उससे परेशानी और बढ़ेगी ही। अच्छा है कि मान लें, जान ले और गुज़र ले उस पड़ाव से।

हम जो भी हो, जैसे भी हो, हमें उससे भागना नहीं है, वहीं जागना है। असली प्रकिया जागने की है। जो भी करें, होशपूर्वक करना है । दुख आए तो दुख को भी होशपूर्वक झेलना, अंगीकार कर लेना और सुख को भी उत्सव की तरह जी लेना । स्वीकार भाव से, मानकर कि ज़रूर कोई प्रयोजन होगा किसी नकारात्मक या सकारात्मक परिस्थिति का। और वैसे देखा जाए तो अंतर भी क्या होता है दोनों में।

और यह सबसे बड़ी वज़ह है कि हमें अपनी क्षमताओं को पहचानकर, उनका स्वीकार करने की ज़रूरत है। और फिर इस स्वीकार के बाद अपने अधिकार की लड़ाई लड़ी जा सकती है।

सारा जीवन हम व्यर्थ की कामनाओं में गुज़ार देते हैं । काश ऐसा हो जाए, वैसा हो जाए और ऐसा न होने पर व्यथित हो जाते हैं। जिस दिन आकांक्षाओं  से हमें मुक्ति मिली, उस दिन से पाने की शुरुआत हो जाती है क्योंकि तब खोने और पाने का भेद ही ख़त्म हो जाता है।

स्वीकार भी शायद परिस्थिति का हो जाए, भाव का हो जाए पर ख़ुद का स्वीकार सबसे कठिन होता है। ख़ुद पर ही हम सबसे अधिक संदेह करते है क्योंकि हम, कोई या कुछ और बनने की कोशिश में लगे रहते हैं।

संदेह का होना, स्वीकार को और भी प्रबल बना सकता है और फिर कुछ ऐसा घटित होने की संभावना बनती है जो कभी सोची भी न गई हो।

ईसा मसीह को जब यहूदियों द्वारा सुली पर चढ़ाया गया, तो उस समय ईश्वर पर अटूट श्रद्धा रखने वाले, ईश्वर के पुत्र कहे जाने वाले येशु के मन में भी यह प्रश्न आ ही गया कि आख़िर ईश्वर चाहते क्या थे? क्या वह इतनी प्रताड़ना  और कष्ट के पात्र थे? क्या ईश्वर असल में थे भी या नहीं या वह बिना मतलब ही बलिदान दे रहे थे? पर तभी, उसी क्षण चमत्कार हुआ। उन्होंने इस संदेह को भी स्वीकार कर लिया और अंतिम शब्द हुए - **"जो तेरी मर्ज़ी पूरी हो"**। कहा जाता है वह क्षण येशु की मुक्ति का क्षण बनी और अहोभाव से भरकर उन्होंने स्वयं को ईश्वर के हवाले कर दिया। देखा जाए तो हर बार ऐसा होता है कि हम स्वीकार, भक्ति और फ़िर मुक्ति से ही इश्वर के होने का प्रमाण छोड़ जाते हैं, चाहे वो हो या नहीं, इसी माध्यम से उसकी उपस्थिति स्थापित होती है।

मोहन ने भी तो कुब्जा के प्रेम को सहर्ष स्वीकार किया, बिना किसी तुलना के क्योंकि वहाँ बात भाव की थी। जब जैसी परिस्थिति आई उसका विरोध आख़िर करते भी क्यों मोहन, चाहे वह गोकुल तजकर मथुरा का

प्रस्थान ही क्यों न हो? बस कर्म करते रहे अपने।

मुहम्मद साहब के बारे में सोचा जाए तो कैसे सामना किया होगा सामुदायिक विरोध का? क्या ऐसा नहीं कि उन्होंने विरोध का भी स्वीकार कर लिया होगा? जब मुहम्मद साहब को मिले निर्देशों में उनको यह अनुभूति हुई कि उन्हें अब अपने अनुभवों को समाज में बाँटना है तो ऐसा हुआ कि उनकी सोच और उनके अनुभव उस समय की रीतियों के विरुद्ध बन गए। आसान नहीं था वह समय। अस्वीकार से स्वीकार के सफ़र में मुहम्मद साहब पर कई ज़ुल्म हुए। अकारण लांछन लगे, हमले हुए, पर वह सब स्वीकार करके और उस निर्देशन का भी स्वीकार करके अपने कर्म करते रहे।

तकलीफ बेशक होती ही होगी, सोचते भी रहे होंगे कि वह किसके लिए कर रहे हैं यह सब?

पर चलना तो था ही, कर्तव्यपथ पर। असल में किसी भी लड़ाई की शुरुआत ही स्वीकार से होती है। सबसे पहले कि हम लड़ नहीं सकते, इसका स्वीकार और फिर लड़ना ही होगा उसका भी स्वीकार और अंत में लड़ सकने की अपनी क्षमता का स्वीकार।

उनकी पहली पत्नी ख़दीजा, जिनके लिए कहा जाता है कि वह पहली व्यक्ति थीं जिन्होंने मुहम्मद साहब को ख़ुदा का पैगम्बर माना, उनकी बातों पर विश्वास किया, उस स्त्री के खोने, उनकी मृत्यु का भी स्वीकार ही किया होगा ना मुहम्मद ने?

उनके अपने, उनके लोग जिनसे कहा जाता है कि वह बेपनाह मोहब्बत करते थे। क्या उनकी मृत्यु पर लड़खड़ाए नहीं होंगे मुहम्मद साहब के कदम?

पर उन्हें सब स्वीकार था। जो जैसे आए वैसे ही, समय, व्यक्ति या कर्म। और यह ज्ञान भी कि जहाँ प्रेम है वहाँ दो रहे ही नहीं। एक ही आत्मा

है, एक रूह।

क्या रही होगी मीरा की सोच जब वह मोहन में तल्लीन उनकी एक झलक पाने को व्याकुल हो उठी होंगी? उन्होंने तो सारा जीवन मोहन को भेंट कर दिया। पर उनके मन में कभी क्या यह सवाल आया होगा कि मोहन उनका स्वीकार करेंगे या नहीं, किया या नहीं?

मीरा को कहाँ परवाह होगी इस लेन देन की, स्वीकार-अस्वीकार की। वहाँ प्रेम था, भक्ती थी, अटूट विश्वास था। कोई अवकाश ही नहीं था मीरा के पास प्रतिदान के बारे में सोचने का। उन्होंने पूर्ण रूप से मोहन का स्वीकार कर लिया था। अब क्या फ़र्क़ पड़ता था मोहन स्वीकार करें या नहीं और आख़िर जाते भी कहाँ मोहन, जब मोहन वहाँ थे ही नहीं। मीरा के लिए तो दो थे ही नहीं इसलिए यह झंझट ही नहीं रही।

असल में तथ्य यह है कि अगर किसी भी बात का पूर्ण स्वीकार हो जाए, हम किसी भी भाव को पूर्णता से अपना लें तो हम अपने आप उससे मुक्त हो जाते हैं। शायद ऐसे ही हुई होगी मोहन से मुक्ति मीरा की। और इसके लिए सबसे पहले उन्होंने स्वीकृति मानी होगी स्वयं की, तभी तो मोहन को भी ख़ुद ही में पा लिया उन्होंने।

जब कोई और रहा ही नहीं तो स्वयं का स्वीकार ख़ुद के ही सामने करना है। स्वयं को अपना पाना भी क्या इतना कठिन है? हम जो हैं उसका स्वीकार। और जिस दिन ये स्वीकार हो गया, उस दिन अहंकार की कोई गुंजाईश नहीं रहेगी। क्रोध का स्वीकार होते ही क्रोध कब उत्सव हो जाए पता भी नहीं चलता।

यह स्वीकार का कोई ऐलान नहीं होता। यह किसी के सामने करने जैसी चीज़ ही नहीं है। जिस दिन से हमने ख़ुद को स्वीकार कर लिया उसी दिन से हम नये और अनूठे होने लगते हैं और फिर यहाँ से शुरू होता है सफ़र साक्षी भाव का।

स्वाभाविक है कि यह स्वीकार आसानी से नहीं आता। क्षमता, समर्पण और अधिकार अंततः बहिष्कार। यह सब से होकर आता है स्वीकार। आईए जानते हैं कि कैसे यह सब भिन्न होते हुए भी जीवन का सार बनते हैं।

अधिकार है हमें सम्राट होने का, पर हम पूरा जीवन भिक्षा पात्र लिए खड़े रह जाते हैं क्योंकि हम अपनी क्षमता से अनजान हैं। अपने भीतर के प्रश्नों का भी स्वीकार और विचारों का भी। बस वही हो जाना जो है। वही किया मीरा ने, वह बन गई जो कि वह थी।

परेशानी बस इतनी ही है कि हमें स्वीकार तो है, पर वह जो हमें अनुकूल प्रतीत होता है। ईश्वर भी हमें वैसा चाहिए जैसा रूप हमने चुना हो उसके लिए। जो है ही, सदैव, पर अदृश्य, उसको भी आकार दे दिया, रंग और स्थान जबकि स्थान उसका किसी मंदिर-मस्जिद में है ही नहीं और जहाँ है वहाँ वह स्वीकार नहीं हमें।

मीरा होना कठिन तो होगा ही, चुनौतियाँ भी होंगी। और इनमें सबसे बड़ी चुनौती है समर्पण। लेकिन किसके प्रति?, सवाल यह नहीं है। मीरा को तो मोहन के नहीं होने का भी स्वीकार था, मुहम्मद साहब के होने का भी होता शायद।

तो इसीलिए यह ज़रूरी है कि हम जब किसी भी किताब, यानी कि सोच को समझने का प्रयास कर रहे हो तो पहले उसका स्वीकार करें। यहाँ इसका मतलब सही या ग़लत होने से नहीं है, इसका वास्ता बस सोच से है। अगर कोई भी सोच है तो स्वाभाविक ही है कि कारण होगा उसका।

हम इसी सोच की वजह से मतभेदों और लड़ाईयों को छोड़कर, मोहन के द्वारा और मुहम्मद साहब के बताए हुए रास्तों के द्वारा, दोनों को एकसाथ स्वीकार कर के शांति की स्थापना कर सकते हैं।

जैसा कि हम कह ही चुके हैं, फिर से, यहाँ बात धर्म की नहीं स्वीकार की है।

# क्षमता-अधिकार-समर्पण

<u>समर्पण की क्षमता पर अधिकार निर्भर करता है।</u>

क्या लगता है हमें, क्षमता-अधिकार-समर्पण - क्या इन तीन शब्दों में कोई समानता, कोई जोड़ हो सकता है? समानता का तो नहीं पता पर जोड़ तो है ही। वह जोड़ है जीवन का। इन तीनों को जोड़कर एक पूरा जीवन चक्र बनता है।

एक बार कृष्ण के मित्र उद्धव ने उनसे पूछा, "माधव, क्या आप द्रोपदी के चिरहरण को रोक नहीं सकते थे, उसके क्रीड़ागृह में आने से पहले? फिर आपने क्यों नहीं रोका उसको अपमानित होने से? द्रोपदी तो आपकी सखी थी। आप कैसे देख पाए उसको अपमानित होते हुए? ज़बरदस्ती बालों से पकड़कर सभा में लाते हुए?"

मोहन बस मुस्कुरा दिए और बोले, "पहले वक़्त सही नहीं था।"

सोच में पड़ गये उद्धव, भला मोहन के लिए कौनसा वक़्त ग़लत हो सकता था?

उद्धव के बार-बार पूछने पर कि पहले सही वक़्त क्यों नहीं था, मोहन यह जवाब देते हैं कि, "द्रोपदी के अहंकार का आहत होना आवश्यक था। इतना भारी अहंकार था उसका कि वह समर्पण भाव से वंचित रह गयी थी। और जब तक वह अहंकार की परत उतरे नहीं, कौन मदद कर सकता

है किसी की?"

पहले लड़ी, झगड़ी द्रौपदी, फिर धिक्कार, क्रोध जताया। इतने से कोई बात नहीं बनी। सभा में मौजूद हर एक व्यक्ति से द्रौपदी ने मदद की गुहार लगाई, पर हाथ कुछ नहीं आया।

फिर जाकर रोई गिड़गिड़ाई द्रोपदी, पर वहाँ कोई सुनवाई नहीं थी। अंततः द्रोपदी ने सारी कोशिशें छोड़कर ख़ुद को हवाले कर दिया उस शक्ति के, जो उसे लगा कि उस वक़्त उसकी रक्षा कर सकती थी।

अब अहंकार और क्रोध, दोनों ही ख़त्म हो चुके थे। स्वीकार कर लिया द्रोपदी ने उस परिस्थिति का और त्याग कर दिया संघर्ष का। तब द्रोपदी ने पूरी तरह से मोहन के स्मरण में डूबकर, अपने अंतर्मन में झाँका। बस उस एक क्षण के इंतज़ार में ही तो थे मोहन।

समर्पित हुई द्रौपदी, कैसे रुकते फिर सखा मोहन?

तो असल में यह संघर्ष या स्वीकार द्रोपदी के स्वयं का ही था| वहाँ मोहन के होने या नहीं होने का कोई महत्व ही नहीं था|

जीवन जीने का एक ढंग है संघर्ष का और एक ढंग है समर्पण का। जब तक संघर्ष है तब तक थोडा-सा अहंकार है, तब तक विद्रोह है, तब तक एक रूप नहीं है उसकी और हमारी मर्ज़ी।

जो संघर्ष द्रोपदी को करना पड़ा, विषम परिस्थितियों में भी मीरा को उसकी आवश्यकता नहीं पड़ी क्योंकि मीरा ने ईश्वर की क्षमता का स्वीकार कर लिया था और उसके नहीं होने का भी, और उसी को समर्पित भी थी। तो फिर कभी ज़रूरत ही नहीं रही संघर्ष की।

संभव तो यह भी था कि पूरा महाभारत का युद्ध बिना लड़े ही ख़त्म हो जाता। अगर मोहन की इच्छा होती, पर बात हमेशा इच्छाओं की नहीं होती।

अगर हम ध्यान से सोचें तो, जब हम पूजा या प्रार्थना में हो तब भी हम उसकी मर्ज़ी के ख़िलाफ़ ही होते हैं, क्योंकि आम तौर पर हम कुछ ना कुछ माँगते होते हैं। यह समर्पण का अभाव हुआ, स्वीकार का भी। क्योंकि समर्पण अगर है तो हम एक ऐसी अवस्था में होंगे जहाँ हमें यह विश्वास है कि जो है, जैसा है, वह अच्छा है। और जो नहीं है, उसका नहीं होना भी अच्छा ही होगा। जब रचयिता और हम एक हुए तो हुआ असल में समर्पण। संगम, दो से एक का।

अब द्रोपदी पूर्णतया समर्पित थी, सुपुर्द कर दिया उन्होंने स्वयं को।

मीरा ने यही किया था। ऐसा समर्पण स्वयं का कि कोई भी परिस्थिति हो, रूठना, मानना, लड़ना, रोना, हँसना, प्रेम, भक्ति सबमें सिर्फ़ मोहन। वही पति भी और वही परमेश्वर भी, वही प्रार्थना भी और वह मोहन ही मीरा भी।

ऐसा समर्पण, ऐसा विश्वास कि श्रृंगार में भी मोहन और वैराग्य भी मोहन के लिए, विद्रोह में भी मोहन। स्वयं ही जब मोहन हो गई तो और होता भी क्या?

आकाश में उड़ते पंछियों से सिखने की बहुत बड़ी बात है। उनकी ऊंचाई की चाहत तो हम रखते हैं, पर उनका समर्पण हम चूक जाते है। ध्यान से अगर देखें तो चील जब बहुत ऊंचाई पर पहुँच जाती है फिर पंख नहीं हिलाती। फिर पंखों को फैला देती है और बड़ी सहजता से हवा में उड़ती फिरती है। वैसी ही सहजता की स्थिति जब हमारी चेतना में आ जाती है, तब हुआ समर्पण। तब हम पंख नहीं हिलाते। तब हम 'उसकी' हवाओं पर निर्भर हो जाते हैं, भय मुक्त। हम तब निर्भर हो जाते हो। क्योंकि भार संघर्ष से पैदा होता है। भार प्रतिरोध से पैदा होता है। जितना हम कोशिश करते हैं उतना हम पर भार बढ़ता जाता है, जितने हम भारी होते हैं उतना नीचे गिरने की संभावना बढ़ जाती है।

बस, नानक की तरह - "हुकुम" , जिसस की तरह - "तेरी मर्ज़ी पूरी हो" और मीरा की तरह - "मेरे तो गिरधर गोपाल दूसरा ना कोई", यही है समर्पण।



बस, नानक की तरह - "हुकुम" , जिसस की तरह - "तेरी मर्ज़ी पूरी हो" और मीरा की तरह - "मेरे तो गिरधर गोपाल दूसरा ना कोई", यही है समर्पण।

# क्षमता

हम लोग ज़्यादातर समय यही सोचने में निकाल देते हैं कि जो हमे मिला है वह पर्याप्त नहीं है। हमें जो मिला, हम उससे ज़्यादा के हकदार हैं। हमारे मिलने और पाने, यानि की उम्मीद के बिच में जो भेद रह जाता है वह भेद है क्षमता का।

यह क्षमता ही है जो निर्धारण करती है समर्पण और स्वीकार का भी। और फिर इस पर टिका होता है अधिकार।

मीरा का प्रेम उसकी क्षमता का उदाहरण हुआ। ऐसी विराट क्षमता थी उनकी कि उन्होंने ख़ुद को मोहन में ही विलीन कर लिया, या फिर ऐसे कहें कि मोहन को मीरा होना पड़ा।

मीरा आँखे खोलती तो मोहन दीखते और आँखें बंद करती तो भी मोहन। उनकी क्षमता ही कुछ ऐसी थी कि उन्हें हर पल हर तरफ़ मोहन ही मोहन नज़र आते। प्रेम की पराकाष्ठा थी कि मोहन के नहीं होते हुए भी उनको ही यथार्थ बना लिया मीरा ने।

और कहा तो यह भी जाता है कि मीरा ने कृष्ण के अलावा किसी और को पुरुष ही नहीं माना।

असल में अब यहाँ हुई बात चित्त की। एक पुरुष में भी स्त्री जैसा प्रेम उतर सकता है तो वह स्त्री चित्त हुए। वह अब संकल्प या त्याग नहीं

करेंगे। ज़रूरत ही नहीं पड़ेगी संघर्ष की क्योंकि अब वहाँ प्रेम उतर आया। और एक स्त्री में भी पुरुष उतर सकता है तो उसकी क्षमता होगी संघर्ष की, प्रेम में ज़्यादा रस नहीं आएगा। यह भिन्नता आंतरिक शक्ति की है, आंतरिक क्षमता की।

मीरा जब वृन्दावन के कृष्ण मंदिर में पहुँचने वाली थी तो ये समाचार मिलते ही वहाँ के पुजारी क्रोधित हो उठे। मंदिर में स्त्री को प्रवेश की अनुमति नहीं थी। उन्होंने पहरे लगवा दिए मंदिर के द्वार पर। पर मीरा के प्रवेश को कौन रोक सकता था, उनके मोहन के घर में।

मीरा को देख कर, क्रोधित होते हुए पुजारी ने कहा कि वह मंदिर के भीतर स्त्री होते हुए प्रवेश भी कैसे कर पाई? मीरा उनसे बोली, "यह कैसी कृष्ण भक्ति है कि अभी तक वह कृष्ण के सखी नहीं हो पाए?," सखी, यानि कि स्त्री चित्त, भक्ति।

गुस्सा तो आया ही पुजारी को पर उसी पल उन्हें समझ में आया कि मीरा उस आंतरिक क्षमता की बात कर रही थी जो कि एक मात्र मार्ग था कृष्ण के हो जाने का। कृष्ण को पा लेने का। और फिर इस चित्त शक्ति के द्वारा हमारे ख़ुद को पाने की शुरुआत होती है।

असल में कृष्ण बात ही प्रेम की हैं और जहाँ बात प्रेम की है वह बात स्त्री चित्त की हुई। और मीरा के लिए उनका चित्त ही हो गया कृष्ण।

यह क्षमता के भी अलग-अलग मापदंड होते हैं। प्रेम की प्रगाढ़ता हो या प्रतीक्षा या फिर त्याग, जिसकी जैसी क्षमता वह वैसा होगा।

मुहम्मद साहब पर पहली आयत उतरी थी हिरा पर्वत की गुफा में बैठे जब वह मनन कर रहे थे। ऐसा अनुभव हुआ उन्हें जैसे उनको एक आभा दिखाई दी और उसकी चमक इतनी थी कि वह सही से देख भी नहीं पाए, बस आवाज़ सुन पाए। पहले तो बहुत डर गये थे, पर जो अनुभूति थी

वह इतनी ख़ूबसूरत, इतनी महत्वपूर्ण कि रोमांचित हो गये थे मुहम्मद साहब।

पर अब शुरू हुई असली क्षमता की परीक्षा। मुहम्मद गुफ़ा में जाते, बैठते, ध्यान लगाते, याद करते उस क्षण को जब उन्होंने पहली बार अनुभव किया था उस आभा का, पर अब उसकी झलक भी दिखाई नहीं पड़ती थी। मुहम्मद साहब के लिए बहुत मुश्किल होने लगी। ख़ुद पर ही शक होने लगा था उन्हें। जैसे-जैसे दिन बितते गये, वैसे-वैसे उन्हें ऐसा लगने लगा था कि वह शायद पागल हो रहे थे। वह अपनी पत्नी ख़दीजा से कहते कि कौन यक़ीन करेगा उनका कि उन्होंने सुना है और देखा है उस फ़रिश्ते को जो ख़ुदा की तरफ से भेजा गया था। विक्षिप्तता की हद हो गयी थी उनके लिए। दो साल गुज़रे और उन्हें ऐसा लगने लगा कि यह ग़लत हुआ उनके साथ क्योंकि अब तो वह मँझधार में फँस गए थे। कहीं के नहीं रहे। कई बार उन्हें यह भी लगता कि काश यह हुआ ही न होता। अच्छा था जब वह ऊंट को पानी पिलाते, भेड़ का ध्यान रखते साधारण-सी ज़िन्दगी जी रहे थे।

पर अब तो वह जीना भी मुश्किल हो गया था और आगे क्या करना है यह समझ भी नहीं आ रहा था।

ऐसे ही तीन साल बीत गए। बीच में मुहम्मद साहब बीमार रहने लगे, हिम्मत टूटने लगी। यहाँ भी बात क्षमता की हुई, इस इंतज़ार में सबसे ज़्यादा ज़रूरी जो था वह था धैर्य। पहले था, फिर धीरे-धीरे ख़त्म होने लगा, शायद एक समय के बाद उन्होंने मान ही लिया होगा कि जो पहले देखा वह भ्रम था या कोई स्वप्न था।

पर फिर घटा चमत्कार, फिर से रूबरू हुए मुहम्मद साहब उसी आभा से। फिर सुनाई दी उनको वही आवाज़ जिसका वह इन्तज़ार कर रहे थे। और फिर उन्हें यह एहसास हुआ कि अब सही वक़्त आया है उनके लिए अल्लाह का बन्दा कहलाए जाने का। जो आयतें उतरी थी फ़रिश्ते के माध्यम से, उन्हें सही जगह पहुँचाने का, लोगों में उस रहस्य और ज्ञान

को बाँटने का अब वक़्त आया था।

यह प्रतीक्षा और विश्वास की क्षमता थी जिसने मीरा को दीवानी बनाया और मुहम्मद साहब को पैगम्बर।

पर इसमें एक बात ध्यान देने वाली है। मीरा ने महबूब कृष्ण को बनाकर अपनी क्षमता का प्रमाण दिया पर क्या बात बस इतनी-सी है? इस क्षमता के साथ ज़िम्मेदारी का स्वीकार होना भी ज़रूरी था। इतना ही ज़रूरी है धैर्य। मीरा ने प्रतीक्षा, प्रेम और भक्ति सब में धैर्य धारण किया। चाहे वह प्रताड़ना के सन्दर्भ में हो या लांछन के।

ऐसा कहा जाता है कि मीरा को राधा पसंद नहीं थी, उन्हें राधा और कृष्ण का प्रेम प्रसंग सुनना पसंद नहीं था।

लेकिन सोचने वाली बात यह है कि मीरा के लिए राधा कौन रही होंगी? मीरा ने तो दो के होने का ही अस्वीकार कर दिया था। उनके लिए कोई दूसरा था ही नहीं, केवल कृष्ण ही थे।

और यह क्षमता ही मीरा को यह अधिकार देती है कि वह कृष्ण को अपना पति कह सकें। असल में उनको किसी के अधिकार देने या दिलाने की ज़रूरत ही नहीं थी। उनकी क्षमता और स्वीकार के आगे अधिकार तो मान्य था ही। स्वयं कृष्ण भी नहीं रोक पाते।

मीरा ने जो पाया वह अधिकार से नहीं, स्वीकार से था। उस समर्पण की क्षमता से था।

# क्षमा-दान

मुहम्मद साहब के जीवन से सीखने वाली बहुत सारी चीज़ों में से एक जो बहुत महत्वपूर्ण है, वह है क्षमा। माफ़ी मांगना जितना मुश्किल है, माफ़ करना उससे भी ज़्यादा कठिन।

वैसे यहाँ हम माफ़ी के सन्दर्भ में कुछ और बात करने वाले हैं पर उससे पहले एक घटना पर ध्यान देना आवश्यक है।

मुहम्मद साहब की सबको एकजुट करने की मुहीम को बहुत लोगों का समर्थन भी मिला और कुछ लोगों ने स्वाभाविक है कि विरोध भी किया।

उनमें सबसे बड़े विरोधी हुए कुरैश ज़ाती के लोग। यह लोग अपने आप में ही इतने ताकतवर थे कि उन्हें किसी के भी साथ एक मत होना ज़रूरी नहीं लगता था और साथ ही मक्का भी उनके अधिकार क्षेत्र में आता था। अगर वह लोग बाक़ी कबीलों के साथ एकजुट हो जाते तो उनके इस अधिकार को हानी पहुँच सकती थी।

हर रोज़ सुबह जब मुहम्मद साहब कुरैशों के मुहल्ले से गुज़रते थे, तो एक बूढ़ी औरत अपने घर का सारा कचरा उनके ऊपर फेंक दिया करती थी। सोचने वाली बात है, कितनी ज़्यादा नफ़रत रही होगी उसको मुहम्मद साहब से कि वह दिन भर का कचरा इकट्ठा करके रखती, उस एक वक़्त के लिए जब मुहम्मद उनके घर के सामने से निकलते। यही सिलसिला रोज़ाना चलता रहा। फिर एक दिन अचानक ऐसा हुआ कि मुहम्मद साहब

वहाँ से गुज़रे लेकिन उन पर कचरा नहीं गिरा। वह सोच में पड़ गए। अगले दिन फिर वही हुआ, उन पर किसी ने कोई नाराज़गी व्यक्त नहीं की, तो मुहम्मद साहब ने आसपास के लोगों से उस बूढ़ी औरत के बारे में पूछा। पूछने पर पता चला कि वह औरत बीमार थी। मुहम्मद साहब उसके घर के अंदर गए, देखा वह औरत बीमार और लाचार लेटी हुई थी। हज़रत मुहम्मद ने उसको पानी पिलाया और उसके खाने-पीने का इंतज़ाम किया, उसकी देखभाल की, ठीक वैसी ही करुणा और  मोहब्बत से भरी, जैसी वह किसी अपने के लिए करते। वह बीमार औरत धीरे-धीरे ठीक हो गई और उसे अपने आचरण पर शर्मिंदगी हुई। आँखों में आंसू लिए जब वह मुहम्मद साहब से माफ़ी मांगने गई, तो मुस्कुराते हुए मुहम्मद ने उसे माफ़ कर दिया।

यह तो वह माफ़ी हुई जो हम दूसरों को स्वीकार कर उनकी भूल को अनदेखा करके उनको मुक्त करते हैं अपराधबोध से।

पर क्या ऐसा नहीं कि हम उस क्षमादान में कहीं न कहीं स्वयं को भी मुक्ति दे रहे होते हैं?

स्वयं को भी हमें मुक्त करना बहुत आवश्यक है। कई तरह के अपराधबोध से ग्रसित हम, जीवन को एक बोझ की तरह ढोये जाते हैं। यह आवश्यक है कि हम अपने अतीत में हुई घटनाओं के बोझ से ख़ुद को मुक्त करें। हम अनावश्यक विश्लेषण में फँसे रहकर आगे का सफ़र कठिन कर सकते हैं, या फिर अपनी गलतियों से सीख लेकर और उन्हें किनारे करके जीवन सरल बना सकते हैं।

वैसे देखा जाए तो गलती होती भी क्या है? प्रयास होते हैं, कर्म होतें है, कभी-कभी विश्वास होता है और कभी अविश्वास। कभी ख़ुद के लिए, कभी ख़ुद पर।

मीरा ने भी मुहम्मद साहब की तरह क्षमादान को सबसे अधिक मान्यता दी।

क्षमा, दूसरों को भी और ख़ुद को भी।

जैसेकि मुहम्मद साहब ने उस वृद्ध महिला को माफ़ किया और पता नहीं कितने सारे लोगों का उनकी ग़लतियों के बावजूद स्वीकार किया, वैसे ही उन्होंने ख़ुद को भी माफ़ किया था। वरना वह कर्तव्यपथ पर कमज़ोर पड़ जाते। वह कैसे युद्ध कर पाते दूसरों से? कैसे तलवार उठाते? और वह अपने कर्म नहीं कर पाते तो स्वाभाविक है कि इस्लाम कभी एकजुट नहीं होता। लोग आपस में ही लड़ते और मरते मारते रह जाते।

मीरा ने सबसे पहले स्वयं को क्षमा कर दिया था। तभी वह बग़ावत भी कर पाई। वह अवश्य जानती थी कि जाने अनजाने उनके करीबी लोगों को वह तकलीफ पहुँचा रही है। पर वह क्या करती? उनके कर्म ऐसे ही निर्धारित थे।

एक घटना ऐसी भी है कि मीरा को उनके परिवार की तरफ़ से भेंट में सर्प भेजा गया ताकि साँप के डसने से मीरा की मृत्यु हो जाए| मीरा ने उनको इस चेष्टा के लिए भी माफ़ कर दिया। इस तरह मीरा को बहुत बार मारने की कोशिश की गई, तिरस्कार किया गया उनका, पर इसमें कुछ भी कहाँ मीरा को कमज़ोर कर पाया? वह दीवानी, बस जुबान पर मोहन और स्मरण में मोहन को लिए स्वयं की धुन में गाती रही।

 तभी तो वह सांप की टोकरी खोलने पर उसके अंदर से फूल निकले !

यह था मीरा की भक्ति का प्रमाण। वह किसी तरह का संदेह रखके अपनी यात्रा के निर्धारित उद्देश्य से भटकाव नहीं चाहती थी।

साधारण तौर पर यही होता है कि हम कभी घर कभी समाज, इनकी ख़ुशियों का ध्यान रखते उनके अनुसार ही चलते हैं। पर ऐसा करने से हम अपने आप से अलग हो जाते हैं।

मीरा यह समझ गई थी कि सर्वप्रथम अगर कोई चीज़ आवश्यक है, तो

वह थी वह ख़ुद, क्योंकि वहीं से उसे वो शक्ति मिल रही थी जिसे पाने के बाद किसी की भी उपस्थिति आवश्यक ही नहीं रही।

यह क्षमा भाव उन्होंने अपने हत्या की कोशिश करने वालों के लिए भी रखा। उनकी नादानी की वजह से, मीरा के असीम साहस और प्रेम को वह नहीं समझ पा रहे थे। अपने पति राणा को भी, उन्हें महल से निकाल बाहर करने के लिए और समाज को उन पर लांछन लगाने के लिए मीरा ने क्षमा कर दिया था। और निस्संदेह ख़ुद को भी क्योंकि यह सबका कारण तो वह स्वयं ही थी।

इस क्षमा भाव के लिए उन्होंने सबसे पहले अपनी क्षमता को इतना प्रबल किया होगा जिससे कि वह अपना स्वीकार कर सके।

मीरा ने अपने उपर कचरा फेंकने वाले हर किसी को सबसे पहले क्षमा ही कर दिया, ताकि आगे की यात्रा में उन्हें ख़ुद पर तो कभी कोई संदेह ना रहे।

क्या कभी ऐसा हुआ होगा कि यह क्षमा भाव उन्हें मोहन के लिए भी रखना पड़ा हो? आख़िर यह पूरा बखेड़ा तो मोहन का ही था।

हाँ, पर एक और बात है इसमें, यहाँ तो मोहन थे ही नहीं !

सिर्फ़ मीरा ही थी। मोहन भी नहीं और मुहम्मद साहब भी नहीं। तो फिर सबसे अनिवार्य स्वयं को माफ़ कर पाना ही हुआ।

क्या हम ख़ुद को तकलीफ देने के लिए, स्वयं के प्रति गैर जिम्मेदाराना रुख रखने के लिए और स्वयं के प्रति विपरीत या तुलनात्मक होने के लिए कभी क्षमाप्रार्थी होंगे?

कभी ख़ुद को दोष देना बंद करके क्षमा करेंगे? ख़ुद को स्वतंत्र करेंगे उस बंधन से जो हमने ख़ुद बनाए हैं?

# उन्मुक्ति-स्वतंत्रता

*जिसने स्व को पाया, स्वतन्त्रता को पाया - उन्मुक्ति !*

जिसने यह राज़ जाना उसने खिलने की कला को जाना, कीचड़ में रहते हुए भी महकने की कला को जाना।

स्वतंत्रता शब्द बहुत सुंदर है और हर कोई पाना भी चाहता है। लेकिन स्वतंत्रता भी अपनी जिम्मेदारियों के साथ ही आती है। इसका सकारात्मक पहलु तो है, नकारात्मक भी है। होशपूर्वक जीने वालों के लिए तो ज़िम्मेदारियाँ भी स्वतंत्रता ही है। या ऐसा कह सकते हैं कि स्वतंत्रता भी ज़िम्मेदारी है।

स्वतंत्रता भी सबके लिए भिन्न भिन्न हो सकती है।

जैसे कि सालों पहले किसी स्त्री के लिए, बिना पर्दा या घूँघट, घर से बाहर निकलने की अनुमति को पा लेना ही उसकी स्वतंत्रता थी।

एक बच्चा जिसे खेलने में बहुत मज़ा आता है, उसे जब पढाई की बात समझाई जाए तो यह उसके लिए तो उसकी स्वतंत्रता का हनन ही हुआ।

कभी हमें किसी व्यक्ति से स्वतंत्र होना है तो कभी किसी परिस्थिति

से। सच यह है कि हम स्वतंत्रता उसी से चाहते या मागंते हैं जिसे देख सकते हैं, जान सकते हैं।

क्या पानी में जीने वाली मीन कभी आकाश में उड़ने की स्वतंत्रता के बारे में सोचती होगी?

शायद हाँ, अगर उसको पता चल जाए कि जल के बाहर भी एक दुनिया है, तो ज़रूर चाहेगी कि उसको कम से कम देख तो ले। लेकिन क्या पानी से बाहर उस मछली की स्वतंत्रता बचेगी? पानी और मछली का संबंध अधीनता का है ही नहीं। पानी उसका जीवन है। और अगर वह पानी से बाहर निकले भी, तो क्या पा सकेगी आकाश की ऊँचाइयों को? और दूसरी बात यह कि क्या यह विराट आकाश कभी फैलाएगा बाहें उस पागल सी मीन को अपनी भव्यता में जगह देने के लिए?

नहीं, प्रकृति के नियम ही कुछ ऐसे हैं और वह कभी बदले भी नहीं।

तो अब यहाँ ज़रूरी है यह समझना कि जल में रहते हुए भी आज़ादी पाई जा सकती है।

आज़ादी वह है ही नहीं जो हम मानते हैं। किसी को किसी से मुक्त नहीं होना है। हमे स्वयं में ही उन्मुक्त होना है।

कहीं कोई विश्वास का बंधन है, कहीं संबंधो का, कहीं धर्म का, कहीं रीतियों का और इन सबसे मुक्ति की कोशिश में हम लगे रहते हैं, जबकि इन्होंने हमें कभी बांधा ही नहीं। हम ख़ुद इनमें बंधे रहते हैं।

स्वतंत्रता सृजनात्मक होती है, लेकिन मुक्ति हमे यहाँ भी नहीं।

एक कलाकार की बात करते है, क्योंकि कलाकार सृजनकर्ता है। वह अपनी कला को लेकर इतना उत्साहित और प्रेरित रहता है कि परिस्थितियों से

लड़कर भी वह उसकी पहचान और अपना नाम बनाने में अग्रसर रहता है। पर अब देखा जाए तो जिस कला की प्रशस्ति की स्वतंत्रता उसको चाहिए थी, अब वह उसी में फँस गया। अब वह पहचान और नाम की अधीनता में फँस  गया।

स्वतंत्र वही हो सकेगा जो निर्भय है, जिसको अतीत, भविष्य और वर्तमान के लिए स्वतंत्र नहीं होना, उसको मुक्त होना है स्वयं के लिए - स्वयं में।


वैसी ही मुक्ति जैसी मीरा की थी।

मीरा ! यह नाम पढ़ते ही दिमाग में क्या आता है? मोहन वाली मीरा? यही ना?

अजीब बात है, मोहन थे ही नहीं और मीरा कहलाई मोहन की। वाह ! यह हुई स्वतंत्रता।

पर समझने में थोड़ी भूल हो गयी यहाँ पर, मोहन वाली मीरा नही, मीरा वाली मीरा क्योंकि दो तो कभी हुए ही नहीं वह। मोहन तो बस उनके आधार थे। वह रास्ता जिस पर चलते हुए मीरा स्वयं तक पहुँची। उस स्वतंत्रता को हम समझ नहीं पाए जिसने मीरा को शक्ति दी समर्पण की और ऊंचाई दी स्वीकार की। और फ़िर मीरा ने अपनी ज़िम्मेदारी स्वयं उठाई। उन्हें किसी के सही-गलत का या किसी का उन्हें अच्छा-बुरा कहने की कोई परवाह ना रही। जब महल से निकलकर वो साधुओं की टोली में नाचती गाती अपने मोहन का सुमिरन करती, तब लोग छींटाकशी करते। पर मीरा को तो आनंद का स्वाद लग गया था, वो जीना सीख गई थी। वो कहाँ रुकने वाली थी? पर यहाँ समझना यह है कि उन्होंने खुद को सराहना और द्रोह, दोनों से भी मुक्त तो कर ही दिया था ना। और इसके साथ ही, उन्होंने अपनी चित्त शक्ति जो कि मोहन के नाम से जानी गई, उसके सिवा किसी से कोई भी सहारा नहीं लिया।

मीरा संत रविदास जी की शिष्या थी। वह उनके पास कृष्ण की कहानियाँ सुनने जाती। दोनों मिलकर सुमिरन करते मोहन का।

रविदास जी निम्न जाति के थे, चमड़ा घिसते, जुते बनाते हुए कृष्ण की भक्ति में तल्लीन रहते| जिसकी वजह से महलों की रानी, राजपूतानी मीरा का काफ़ी विद्रोह होता उनसे मिलने पर। लेकिन मीरा कैसे रूकती? खिंची जाती थी जहाँ कृष्ण का नाम ही आ जाए। एक बार रविदास जी की कुटिया में बैठी थी मीरा और चमड़ा घिसते हुए रविदास जी मगन, साँवरे की बातें कर रहे थे।

उनका हाथ कुछ ऐसे फिसला कि चमड़े से कुछ छींटे उड़कर मीरा की साड़ी पर जा लगे। रविदास जी बोले, अरे मीरा तू तो साँवरे के रंग में रंग गई !

और बावली मीरा एकतारा लिए गाने लगी, मैं साँवरे के रंग राची.....। धर्म या जाति की क्या बिसात थी कि रोक सके मीरा को।

क्या थी वो ताकत जो मीरा को कोई अपने अधीन नही कर सका?

पर फिर भी स्वतंत्र तो हम मीरा को भी नहीं कर पाए, हमने गलत ही समझा मीरा को क्योंकि मीरा मीरा थी, हम तो आख़िर हम ही हैं।

लेकिन सोचने और समझने वाली बात यह है कि मीरा को क्या फर्क पड़ता है? उनको मोहन की कह लो या मुहम्मद की। वो तो उन्मुक्त थी, गहरे सागर में भी और विराट आकाश में भी।

क्या हमें वो पत्थर याद है जो राम के छूने से अहिल्या में परिवर्तित हुआ? क्या अहिल्या स्वतंत्र थी? या वो पत्थर जो बिना सोचे समझे राम के छूने की प्रतीक्षा कर रहा था?

कुछ ऐसी स्वतंत्रता भी देखी जाती है रोज़मर्रा के जीवन में जो सिर्फ देखने में ही स्वतंत्र मालूम होती है।

पत्थर रूपी अहिल्या को कम से कम प्रतीक्षा की स्वतंत्रता तो रही होगी। क्या प्रतीक्षा स्वतंत्रता हो सकती है, या स्वतंत्र होने के लिए प्रतीक्षा का सहारा लिया जा सकता है? अगर राम आते ही नहीं तो भी क्या यह प्रतीक्षा स्वतंत्रता कहलाती?

# खानाबदोशी

यह एक अद्भुत सत्य है कि मीरा और हज़रत मुहम्मद साहब के बीच एक ख़ूबसूरत संयोग था। एक ऐसी विराट भूमि जो दोनों के जीवन की साक्षी थी।

अगर किसी से भी पूछे कि मीरा और हज़रत मुहम्मद में समानता क्या थी? तो सबसे पहले असमानता नज़र आएगी - जी हाँ वही जो आप सोच रहे हो, 'धर्म की असमानता'।

पर अगर धर्म से आगे बढ़ पाए तो शायद उनकी आध्यात्मिकता, उनकी एक समानता मानी जा सकेगी, निस्संदेह। पर उन दोनों के बीच में सबसे बड़ी समानता थी मरुभूमि। हाँ, दूर-दूर तक फैला हुआ रेगिस्तान। यह समानता दोनों की जन्मभूमि की है।


रेगिस्तान की गहराई, उसमें दबी हुई सच्चाई, दर्द और माधुर्य, यह सब उन दोनों के सफ़र के अभिन्न अंग थे।

वहाँ दबे हुए रहस्य ने ही शायद पहले हज़रत मुहम्मद साहब और फिर सदियों के बाद मीरा में उस सर्वव्यापी, अदृश्य शक्ति का स्वीकार करने की संभावना जगाई होगी।

मीरा और मुहम्मद साहब दोनों ने ही उसकी अनुपस्थिति में ही उसकी उपस्थिति को समझ लिया, जान लिया। उस विराट शक्ति को समझने की ताकत, इस भव्य मरुभूमि से ही आई होगी।

वह मरुभूमि जो कि साक्षी है कई अनगिनत वीर गाथाओं की, कई प्रेमियों के विरह गीतों की तो प्रीत के नशे में धुत्त कई खोजियों की। शांत रातों के सन्नाटे में सुनाई देने वाली रहस्मयी कहानियाँ, रेगिस्तान को और भी विराट और भयावह बनाती हैं। वीरता से लड़ते हुए युद्ध में शहीद हुए वीरों, प्रेमियों की तड़प और सहिष्णुता की सारी सच्चाईयाँ अपनी आगोश में समेटे यह अथाह रेगिस्तान जिसका कोई छोर ही नहीं।

हर बार आंधी आती है और फिर एक और रेत के चादर की परत इन रहस्यों पर डालती जाती है, और गहरे होते जाते हैं यह रहस्य।

रेगिस्तान का एक अलग ही साज़ है, एक अलग सुर, एक मधुर संगीत। ऐसा संगीत जो अकारण ही अलग से बंधन में बाँध ले और फिर अपने आप मुक्त भी कर दें। सूफियों का पवित्र नर्तन रेगिस्तान की देन है। इस नृत्य की पद्धति ने कई सूफी संतो और प्रेमियों को उनकी खोज साकार करने की प्रेरणा दी है। यही पवित्रता मीरा के नृत्य में भी थी। अपने प्रीतम को रिझाने की कोशिश या ख़ुद को जानने की जिज्ञासा, अर्थ तो एक ही है।

दूर दूर तक फैली इस मरुभूमि का छोर कोई नहीं देख पाया। सबने देखी तो बस सुनहरी चमकती रेत। सूरज की पहली किरण के पड़ते ही इतनी चमक जैसे कि प्रेमिका के माथे पर उसके अभिन्न प्रेमी का प्रेमपूर्ण चुंबन। और शाम ढलते ही ऐसी शीतलता जैसे छोटे से शिशु के चेहरे पर नींद में खिलती मुस्कान, जो शायद उसके पूर्वजन्म की स्मृति के कारण उसके कोमल चेहरे पर खिली हो। आख़िर आत्मा तो एक ही है जो बसता है अलग-अलग शरीर में, संभव है अनुस्मरण रहना।

रेगिस्तान की तेज़ गर्मी और रूखापन अपने भीतर ढेर सारी अनकही,

अनसुनी कहानियाँ छुपाए बैठा है और रात का सर्द सन्नाटा, अविरल उड़ती रेत के पीछे उन बातों की गहराई को और भी स्याह बना देता है।

उड़ती रेत, कभी किसी ने स्थिर नहीं देखी, कोई पकड़ नहीं पाया उसे। पकड़ने की ख़्वाहिश रखने वालों ने रेत और जल दोनों को गँवाया, ऐसा रहस्यमय है यह रेगिस्तान। बस मुट्ठी भींचते ही रास्ता भटके और ढूँढ पाना असंभव, क्योंकि कोई सीमा ही कहाँ है रेगिस्तान की?

मारवाड़-राजस्थान में जन्मी मीरा समझ पाई थी इस रेगिस्तान के रहस्यों को। वह जानती थी वहाँ का संगीत, इसीलिए उन्होंने मदमस्त बंजारापन अपनाया। वह जानती थी कि उस अद्भुत भूमि में खानाबदोशी ही ठहराव है, आनंद है, प्रीतम तक पहुँचने वाली पुकार है, ख़ुद से साक्षात्कार का माध्यम भी।

वर्षों पूर्व मुहम्मद साहब ने भी ऐसे ही रेगिस्तान के रहस्यों को जाना था। अपनी जिम्मेदारियाँ और कार्यों का वहन करते हुए, वह भी खानाबदोशी में ख़ुद की तलाश करते रहे और दूसरों में भी अपने साथ जीवन का माधुर्य बाँटते रहे।

यह रेगिस्तान साक्षी रहा कभी मुहम्मद साहब के दयाभाव, संवेदना, बलिदान, कर्तव्यपरायणता का और कभी खोज का, वहीं मरुभूमि द्रष्टा रही मीरा के प्रेम, समर्पण और बागीपन की।

मीरा और मुहम्मद दोनों द्वारा की गई अस्तित्वहीन शक्ति की भक्ति वाली कहानियाँ रेगिस्तान में दफ़न है। मीरा का नृत्य और समर्पणभाव और मुहम्मद साहब की अनुभूतियाँ एक दूसरे की पूरक बन सकती हैं क्योंकि सफ़र तो स्वयं की खोज का ही था दोनों के लिए। माध्यम चाहे जो भी हो, अन्तराल जो भी हो, चेतना तो एक ही है। मोहन, मुहम्मद और मीरा, सब में।

रेगिस्तान की खूबसूरती को देख पाना और उसे समझ पाना आसान

नहीं। ये सिर्फ़ करुणा से भरा हृदय ही महसूस कर सकता है। अगर हृदय प्रेम से परिपूर्ण हो तो सुन्दरता दिखाई देगी पर्वत, नदियाँ और बाग़ में। समंदर में समाने की इच्छा हो सकती है, हिमालय की श्वेत पवित्रता आकर्षित कर सकती है पर रेगिस्तान की गहराई को समझने के लिए जो चाहिए, वह है करुणा। एक करुण हृदय ही ईश्वर की बनाई सभी चीजों को प्रगाढ़ प्रेम से अपना सकता है।

जैसे मीरा ने विराट मरुभूमि में अपने समर्पण की यात्रा जारी रखते हुए ख़ुद की खोज की, वह उन्हें बहुत ऊँचे दर्जे की दीवानी बना गई। वैसा ही मुहम्मद साहब ने भी किया। उन दोनों ने ही समर्पण, सुमिरन और त्याग की परिभाषा स्थापित कर दी, जिसका साक्षी बना रेगिस्तान।

वही रेगिस्तान, जो साक्षी है हरे रंग का। वह हरा रंग जो मीरा की चुनर का भी हुआ, जब उन्होंने मोहन को अपना पति माना और वही रंग जो मुहम्मद साहब के परचम का भी था। उस उम्मीद का भी जो तपते रेगिस्तान को पार करते वक़्त किसी भटके हुए यात्री को प्रफुल्लित कर देता होगा इस सोच से कि शायद आगे कोई ठिकाना है, ठहरने की जगह, श्रोत होगा जल का उस ईश्वर के घर में।

# चेतना एक - रूप अनेक

वह सर्वव्यापी सर्वशक्तिमान जिसकी खोज सदैव चलती आई है, आश्चर्य की बात है कि हम उसको अपने भीतर ढूँढने का प्रयास तब तक नहीं करते जब तक हम बाहर के भटकाव से हार न मान लें| और फिर अंत में उसको अपने भीतर ही पाते हैं।

जो सबके भीतर बिराजमान है, एक ही चेतना है, जो अलग अलग रूप में सांसारिक प्रकरण को पूरा करती है।

अब जब चेतना ही एक है, तो कोई अंतर ही नहीं रहा राम और रहीम में। ये सब तो हमने अपनी नासमझी में दीवारें खड़ी की जिनके निचे हम सब खुद ही दब के रह गए।

मनुष्य तो प्रेम और करुणा का जीता जगता सबूत है| हम तो जीवन को भरपूर जी कर मृत्यु का उत्सव मनाने आए हैं, पर थोड़ी राह भटक गए।

धर्म में प्रेम का विभाजन कर बैठे।

मुहम्मद साहब के जीवन से जुड़ी एक घटना है जो इस सन्दर्भ में सटीक बैठती है। मोहन का मुहम्मद साहब के साथ होने की घटना। मुहम्मद साहब ने जब मोहन के होने का संकेत अपने मित्र को दिया।

हम सब यह बहुत अच्छे से जानते हैं कि मुहम्मद साहब को उनके कर्तव्यों का वहन करते हुए, बहुत सारे युद्ध लड़ने पड़े। छोटे छोटे गुटों में बँटे लोगों को साथ लाकर एकजुट करने के लिए, एक ईश्वरवाद की स्थापना के लिए। उन दिनों परिस्थिति ऐसी थी कि लोग छोटे छोटे कबीलों में विभाजित थे, एक दूसरे से लड़ते, लूटपाट मचाते और ज़ुल्म करते। ऐसे माहौल में स्त्रियों की स्थिति तो और भी दयनीय थी। मुहम्मद साहब यह सब देखते हुए बडे हुए थे। जो थोडा ताक़तवर कबीला होता, वो कमज़ोर पर पराकाष्ठा तक ज़ुल्म करता।

अपने इन अनुभवों के आधार पर उन्होंने इन बंटे हुए लोगों को एकजुट करके एक परचम के तले, एक व्यवस्था कायम करने का निर्णय लिया था और यही एक रास्ता था जन कल्याण का।

इस रास्ते पर उन्हें कई युद्ध भी लड़ने पड़े| यहाँ एक बात समझने वाली है, मकसद हमेशा ही महत्वपूर्ण रहा है, अगर वो सही हो तो उस रास्ते पे चलते हुए आपके कर्म खुद ब खुद सही हो जाते हैं। इस काम के लिए सबसे पहले जरूरी था एक संगठन और उन्होंने सबको संगठित करने का काम किया।

उस समय क्रूरता और अव्यवस्था के आगे मानवता का अस्तित्व गुमनामी के अंधेरे में खो चुका था।

जैसे धर्म की व्यवस्था जब भी चरमराई है, पुनःस्थापना के लिए, कृष्ण आए हैं, कुछ वैसी ही ज़रूरत थी तब इस्लाम की|

उस समय लोग व्यापार के लिए लंबे समय तक यात्रा करते थे। एक क़बीले के लोग दूसरे से मिलते थे, वस्तु-विनिमय यानी बार्टर के लिए।

आश्चर्य होगा पर उस समय मूर्ति पूजा का चलन था और हर कबीले का अपना अलग ईश्वर। व्यापारिक यात्रा के लिए जब लोग निकलते तो वो मूर्ति को अपने साथ लेकर चलते और मक्का जो केंद्र था इन सभी गुटों

की आस्था का, वहाँ रुकते और अपने ईश्वर की मूर्ति वहाँ छोड़ कर आगे की यात्रा करते। लोग ऐसा मानते थे कि इससे व्यापार अच्छा होता था और सकुशल घर लौटने की संभावना भी बनी रहती थी।

इन लोगों को एकजुट करने के लिए मुहम्मद साहब ने सबसे पहले इस भ्रान्ति का खंडन किया और सब में ये विश्वास जगाया कि मूर्ति में ईश्वर नहीं है।

ज़्यादातर क़बीले कमज़ोर थे, मान जाते थे उनके नेतृत्व को। शायद परेशान भी थे लूटपाट और गरीबी से तो वो ख़ुद को सुरक्षित रखने के लिए मुहम्मद साहब के साथ जुड़ गए, कभी समर्पण तो कभी युद्ध के बाद। पर क़ुरैश उस समय के सबसे ताक़तवर लोग थे और मक्का उनके अधिकार क्षेत्र में आता था। वो उसकी देख भाल करते थे। उन्हें जोड़ना जितना ज़रूरी था, उतना ही मुश्किल भी। हज़रत मुहम्मद साहब को आठ साल लगे क़ुरैशों को अपने साथ करने में। हर बार युद्ध में हार ही हाथ आती।

फिर ऐसा हुआ कि क़ुरैशों ने मुहम्मद साहब की हत्या करने वाले के लिए बाउन्टी, यानी इनाम की घोषणा कर दी।

इस बार मुहम्मद की भारी शिकस्त हुई, उनके सारे लोग मारे जा चुके थे, और तब प्राण की रक्षा करना बहुत महत्वपूर्ण था, अभी कर्म बाकी जो थे।

वो बचकर भागे और अपने मित्र अबू बकर के साथ एक गुफा में छुप गए। ऐसा कहा जाता है कि उनके अंदर जाते ही मकड़ी ने गुफा के प्रवेश द्वार पर ऐसा जाला बुना कि देखने वाले को लगे कि सदियों से उस गुफा में कोई गया ही न हो।

खून के प्यासे और इनाम की लालच में जो लोग उन दोनों के पीछे लगे हुए थे, वो उस गुफा तक पहुँचे और गुस्से में उस जाले पे असंख्य वार किये, ये सोच कर कि अगर कोई अंदर होगा भी तो इतना घायल

हो जायेगा कि प्राण निकल ही जाएँगे| क्रोध और लालच में अंधेपन की कहानियाँ नई नहीं हैं।

इस दौरान दुःख से भरकर, अबू बकर मुहम्मद साहब से ये कहते है कि बस अब वो दो ही बचे| इस पर मुहम्मद साहब बोले "हम दो नहीं, तीन हैं"।

अबू बकर ने अचंभित स्वर में उन्हें याद दिलाने की कोशिश की के उनके साथी, सब लोग मारे जा चुके थे उन दोनों के अलावा| इसपर मुहम्मद साहब ने उनसे ये कहा कि वो तीसरा अब भी उनके साथ है जो ये चाहता है कि वो जीवित बचे।

कौन था वो तीसरा?

वो तीसरा था मीरा का मोहन। हाँ, आश्चर्य होगा, पर सच तो यही है। वो सर्वव्यापी ही तो मौजूद रहा होगा न तब भी।

चलिए महाभारत के युद्ध की तरफ चलते है और याद करते हैं कृष्ण और अर्जुन के बिच के उस संवाद को जिसे भगवद गीता कहते हैं हम।

कृष्ण ने स्वयं कहा ; **"धर्म संस्थापनार्थाय संभवामि युगे युगे।"**

जब जब धर्म की हानि होगी, वो तब तब उसकी रक्षा के लिए आएँगे। जब जब समाज की व्यवस्था चरमराएगी, तब तब दिशा दिखाने आएँगे। चित्तशक्ति की तरह हम में हमेशा बिराजमान रहेंगे। चेतना ही तो मनुष्य का आधार है।

मोहन ने तो यह तक कहा कि धर्म की रक्षा के लिए अगर एक ही घर के दो लोगों में भी मतभेद हो, आपके अपने भी अगर अधर्म के रास्ते पर हो तो उनसे युद्ध करना गलत नहीं होगा। बात मकसद की है। फर्क बस इतना ही है कि एक ने सारथी बन कर युद्ध में नेतृत्व किया, दूसरे

ने तलवार उठा कर।

यहाँ थोड़ा रुकने की ज़रूरत है। हमने गीता को भी धर्म में बांध दिया, क्या गीतोपदेश में कृष्ण ने कहीं भी ऐसा कहा है कि उनका उपदेश सिर्फ हिंदू धर्म के लिए उपयुक्त है?

गीता तो जीवन का सार है, सबके लिए समान। तो जब कृष्ण खुद ही कह गये तो उसको हम क्यों धर्म में बाँट रहे हैं?

जब चेतना ही एक है, आत्मा ही एक तो फिर मोहन हो, मुहम्मद हो या मीरा सब एक ही हुए ना?

चेतना को कौन बांध सकता है? वो तो धर्म, समाज सभी बंधनों से मुक्त है।

वैसे देखा जाए तो असल में मीरा ने हमेशा मुहम्मद साहब के उपदेश को ही माना।

अदृश्य, निराकार, सर्वव्यापी शक्ति जो बिराजमान हमारे स्वयं की तह में है, उसका स्वीकार। ऐसे ही कहाँ संभव है कि मीरा बीना जाने ही कृष्ण को पति मान लेती? समझ गयी थी वो मुहम्मद साहब के अल्लाह को, कृष्ण की चित्तशक्ति को और स्वयं अपनी चेतना को।

जो मुहम्मद साहब ने उस तीसरे के बारे में कहा वह उनके आलावा और कोई सोच ही नही सकता था। और वो तीसरा शायद मीरा के ज़हन में हमेशा ही था। उन्हें उस अदृश्य शक्ति का स्वीकार था ही। तो बात ये हुई कि चैतन्य का स्वीकार विश्वास पर निर्भर करता है। वो अदृश्य शक्ति, अब चाहे वो मोहन हो, मुहम्मद साहब हो या मीरा खुद, क्या अंतर है?

*मिट गये सारे भेद,*

*मोहन, मुहम्मद और मीरा -एक चेतना के रूप अनेक ॥*



मीरा के मुहम्मद

*मिट गये सारे भेद,*

*मोहन, मुहम्मद और मीरा -एक चेतना के रूप अनेक ॥*

# बिन मोहन मीरा

कौन है मीरा उसके मोहन के बिना?

क्या हमारे मन में यह सवाल है?

जब प्रेम और भक्ति, दोनों इतने गहरे हो जाते हैं दूसरा, ख़ुद आपसे भी अधिक महत्वपूर्ण हो जाता है तो बनती है मीरा।

इतना महत्वपूर्ण कि आप उन्हें अपना भगवान ही मान लेते हैं। ठीक यही थी मीरा की स्थिति। मीरा ने कृष्ण को उच्चतम दर्जा दिया। अपनी चेतना को कृष्ण का नाम दे दिया, स्वयं को समाप्त कर। बस यही कारण है कि हम आज भी मीरा को बिना कृष्ण के सोच ही नहीं सकते।

मीरा का अस्तित्व ही कुछ नहीं बिन मोहन, ऐसा हमने माना। जबकि अगर हम इसे दूसरे तरीके से समझते हैं, तो मीरा के लिए कृष्ण उनकी ख़ुद की चित्तशक्ति थे, उनका अपना चैतन्य, जिसे उन्होंने कृष्ण नाम दिया था।

हम सभी जानते हैं कि मीरा के साथ कृष्ण का कभी कोई सहअस्तित्व नहीं था। कृष्ण मीरा की भक्ति की वो अवस्था थे जिसने मीरा को मुक्ति दी। प्रेम की ऐसी अनूठी अवस्था, जिसके कारण मीरा कृष्ण को अपना

परमेश्वर मानती थी।

चैतन्य की अगर बात की जाए तो इसका कोई बाहरी स्रोत नहीं हो सकता जो मानव को भक्ति और पागलपन की ऐसी ऊंचाईयों तक पहुँचा सकता है, जैसा कि मीरा में देखा गया। यह हमेशा हमारी अपनी चेतना या उप-चेतना है जो हमें स्थिरता तक पहुँचने के लिए प्रेरित करती है।

मीरा की उपस्थिति में कृष्ण कभी नहीं रहे। रही तो बस मंदिर के बंद दरवाजों के पीछे से गूंजती मीरा की भक्ति, भाव विभोर स्वर में उनका गायन।

रेगिस्तान में भटकते हुए घुँघरू की धुन में मीरा का भक्तिमय नृत्य।

वह असीम रेगिस्तान मीरा के अंदर भी था, सचेतन रूप में। मीरा कभी भी कान्हा की उपस्थिति को साबित करने के लिए इच्छुक नहीं थी, क्योंकि वह जानती थी कि यह उनकी निजी यात्रा थी और बस उसकी प्रेरणा श्रोत को उन्होंने कान्हा का नाम दिया, उनका अपना चैतन्य।

मीरा अपने भीतर पूर्ण थी, अब मीरा के लिए कोई अंतर नहीं था। कृष्ण थे या नहीं, वह उनके प्रेम का माध्यम थे या भक्ति के, उनके लिए जो भी था, बस वही थे।

वास्तव में, मीरा वह है जो कृष्ण को बनाती है। हमेशा एक भक्त ही भगवान को बनाता है, एक प्रेमी ही अपने प्रियतम को श्रेष्ठ बनाता है।

जब दूसरा हमसे अधिक महत्वपूर्ण होता है, तब अहंकार ख़त्म हो जाता है और धीरे-धीरे ख़त्म होते हैं हम भी और प्रभु भी। यानि अंततः उच्चतम चेतना प्राप्त करने का यह एकमात्र तरीका है, लुप्त हो जाना, स्वयं को पाने के लिए।

उस लुप्त होने में, हम उपस्थिति का सही अर्थ पाते हैं। हालाँकि ऐसा होना बहुत मुश्किल है। जहाँ प्रेम होता है, 'मैं' वहाँ मौजूद है। भक्ति में

भी, भक्त मौजूद है। उसका लुप्त हो जाना ही वास्तविक परिवर्तन है। एक बार जब हम विलीन हो जाते हैं तब हमें पता चलता है कि आत्मा उन सभी में एक ही है। आत्मा कभी मैं या वह नहीं। आत्मा सब में एक ही है, चैतन्य स्वरूप।

अब जैसे हम जानते हैं कि यात्रा में परम बोध तब होता है जब हम स्वयं की खोज करते हैं। इस खोज के लिए, हमने जिस परिवर्तन, विलय के बारे में बात की वह एक प्रक्रिया है।

मीरा कृष्णमय रही। कृष्ण, जो कभी वहां नहीं थे, लेकिन उनकी भक्ति में मीरा ने ख़ुद को मुक्त कर लिया।

स्वयं की स्वतंत्रता में उन्हें सामाजिक संरचना को अमान्य करने की ताकत मिली। हालाँकि आधुनिक समाज में भी, हम सामाजिक दायित्व और दायरों को निभा रहे हैं। पर मीरा अपने जीवनकाल में सशक्तिकरण की एक परिभाषा बन गई। शक्ति के संदर्भ में सशक्तिकरण नहीं, गहराई के संदर्भ में सशक्तिकरण। विश्वास के संदर्भ में और चेतना के संदर्भ में। मीरा सशक्तिकरण की ऐसी नींव रख चुकी है कि आज अब हमारे समाज में महिला सशक्तिकरण की बात करने की कोई आवश्यकता ही नहीं रहनी चाहिए। मीरा बता चुकी है कि स्त्री को किसी के भी समर्थन की या सहायता की ज़रूरत ही नहीं है। वह ख़ुद ही अगर निर्णय कर ले तो अपने चयन के अनुसार चलने के लिए सक्षम है। पता नहीं इस बात को समझने में समाज को क्यों ५०० साल लग गए और अब भी यह बात सही रूप से समझ नहीं आ रही है। तभी तो बार-बार किसी ना किसी को मोर्चा उठाने की ज़रूरत पड़ती है।

स्त्री स्वयं ही शक्ति का पर्याय है।

मीरा के जैसी शक्ति हर युग में हर स्त्री में है ही, बस उसे बाहर निकलने का अवसर स्त्री ख़ुद नहीं देती।

उसका परिवार, समाज, सभी मीरा के विरुद्ध अडिग रहे पर मीरा अपनी शक्ति, अपनी भक्ति से हासिल करती रही। और वही किया जो उनके सचेतन मन ने बताया। उनका ये बंजारापन और बाग़ीपन उन्हें सबसे अलग करता गया और कृष्ण से गहरा प्रेम स्वयं के करीब।

वह कौन सा श्रोत था जिसने उन्हें ५०० साल पहले ऐसी चुनौती लेने की ताकत दी थी?

पूर्ण समर्पण और भक्ति की शक्ति, बस यही थी उनकी ताकत।

उनका दीवानापन उनकी ताकत बना, जो हमेशा उनके साथ मौजूद था।

यहाँ एक बार फिर हम मोहन, मुहम्मद और मीरा में एक समानता देखते हैं। आलोचना और समाज का डर पीछे छोड़ कर ये लोग अपने पथ पर आगे बढ़ते रहे।

कृष्ण ने जरासंध, के साथ युद्ध से बचने के लिए रात ही रात द्वारका राज्य स्थापित किया, क्योंकि जरासंध ने कृष्ण को मारने और उनके वंश को खत्म करने का फैसला किया था। १७ बार जरासंध ने कृष्ण और बलराम पर हमला किया| आख़िर कृष्ण युद्ध छोड़कर, पराजय का स्वीकार कर भागे और इसलिए रणछोड़ कहलाए।

दूसरी ओर मुहम्मद साहब ने कई लड़ाइयाँ लड़ीं जो उस वक्त समुदाय को मजबूत करने के लिए आवश्यक थी। कई बार वह क्रूर भी कहलाए। मीरा, सामाजिक मानदंडों के खिलाफ चलने के लिए एक विद्रोही कहलाई। पर यह लोग सबसे परे थे।

उनमें समानताएँ हैं, उनके बीच असमानताएँ भी हैं, पर वे सभी अपने तरीके से पूर्ण है। फिर मीरा को ख़ुद को स्थापित करने के लिए मोहन की आवश्यकता क्यों है? वास्तव में मीरा मोहन के बिन भी उतनी ही पूर्ण है, उनका मोहन उनके भीतर ही जो है। क्यों मीरा की पहचान को

अब भी सहारे की आवश्यकता है? विचित्र विडंबना है समाज की।

असामान्य पागलपन के लिए पागलपन की यात्रा को मीरा ने नृत्य में जीया।

# पागलपन या दीवानगी

पागलपन भी समग्रता में होने की ज़रूरत है। अधूरा पागलपन हमें कहीं नहीं ले जा सकता है।

मीरा से हम यही सीखते हैं। मीरा की भक्ति भी पागलपन का ही एक रूप है, असीम दीवानगी।

भक्ति में बुद्धिमानी भी है, एक दिशा है, जबकि दीवानगी एक दिशाहीन प्रवाह है, वह चिंतन या मनन नहीं है। यह दिशाहीन प्रवाह ही अंततः गंतव्य तक पहुँच पाता है।

प्रेम में डूब गए, भक्ति में तैर रहे हैं, अगर हम अभी भी सोच सकते हैं, अगर हम अभी भी महसूस कर सकते हैं, तो हम समझदार हैं। अगर हमें अभी भी लगता है कि हम पागल हैं, तो भी हम जागृत अवस्था में जी रहे हैं। इसका मतलब है कि हमने यात्रा शुरू कर दी है, हालाँकि, जिस क्षण यह समझने की समझ भी न रहे, तो वह होगी दीवानगी। वास्तविकता सामने आने लगेगी पर तब वह भी मायने नहीं रखती क्योंकि अब विलय शुरू हो चुका है। यही दीवानगी थी मीरा की, भक्ति और प्रेम की सीमाओं से भी ऊपर।

द्वारका के मंदिर में कृष्ण की मूर्ति से लिपटी मीरा की साड़ी इसी दीवानगी का परिणाम है, उनका उनके कृष्ण में विलीन हो पाना, आत्मा

और परमात्मा का मिलन कोई सामान्य घटना नहीं थी। क्या ये सिर्फ़ भक्ति का परिणाम हो सकता है?

फिर, मीरा क्या थी?

वह एक असामान्य पागल, एक असामान्य खानाबदोश थी।

## यह असामान्यता अनमोल है।

पागलपन अगर अधूरा हो तो एक ऐसी अवस्था है जहाँ आप अभी भी अपने विचारों को नियंत्रित कर सकते हैं क्योंकि आप उनके बारे में सजग हैं। असामान्य पागलपन आपको पूरी तरह से मुक्त बनाता है। पूर्ण मुक्ति तब होती है जब आप के भाव ही स्वभाव होने लगते हो। वास्तव में आप कुछ कर भी नहीं रहे होते, बस विलुप्त होते जाते हो। जब आप स्वतः ही हमेशा स्वीकृति की अवस्था में ही रहते हैं, सिर्फ़ साक्षी बनकर।

मीरा का जीवन और उनकी यात्रा यही बताती है। वह समाज के साथ चलने के लिए या दूसरों से स्वीकृति के लिए कोई बनावट नहीं कर सकती थी। उसने ख़ुद को स्वीकार कर अपने कान्हा की भक्ति से संलग्न ही अपना जीवन यापन किया।

भक्ति भाव में लीन मीरा अपनी आंतरिक चेतना का निर्देशन मानती हुई, प्रेम रस में भीगी सहजता से दीवानगी की पराकाष्ठा पर पहुँच गई।

उसके जीवन की एक यह बहुत ही खूबसूरत घटना है, जहाँ मीरा को ज़हर का प्याला पिलाया गया और वह एक भी सवाल पूछे बिना पूरे ज़हर का सेवन करती रही। यह घटना मीरा के समर्पण और भक्ति की ऊँचाइयों का एक उदाहरण थी, जो उसके संपूर्ण पागलपन का परिणाम था। अगर

उनकी दीवानगी में थोड़ी-सी भी कमी रहती तो ऐसा करने से पहले शायद वह डरती, सोचती, पर कृष्ण के प्रति दीवानगी ने मीरा को ऐसी ताकत दी थी कि उन्हें कुछ सोचना ही नहीं पड़ा। वह जो हमेशा उसके भीतर चेतना बन बस रहा था, अब मीरा ख़ुद को उसके सुपुर्द कर चुकी थी। हो सकता है कि उस दिन उसके प्राण निकल जाते, फिर भी, उसे कभी संदेह नहीं होता क्योंकि वह जानती थी, जो भी होगा, वह हमेशा परमात्मा के निर्णय के अनुकूल होगा। वह परमात्मा, जो हो कर भी नहीं है और नहीं हो कर भी है ही। उसकी मन:स्थिति में अब विष और अमृत में कोई अंतर न था। उसका पागलपन जानता था कि सब कुछ पहले से तय है।

अपनी दीवानगी में, जीवन मरण के चक्र से भी विमुक्त हो चुकी थी।

कुछ लोग इसे साहस के रूप में देखेंगे, कुछ आध्यात्मिक शक्तियों के रूप में, हालाँकि, स्पष्ट रूप से यह एक पूर्ण असामान्य पागलपन है। भक्ति निश्चित रूप से पागलपन को उच्च स्तर की ओर ले जाती है और जो असामान्यता बनती है, दीवानगी कहलाती है।

मीरा की बात करें तो, आध्यात्मिक जागृति एक अमान्य संदर्भ है। मीरा की एक ही अवस्था थी, शून्यता। ऐसी अवस्था जो हर दायरे और बंधन के पार थी। सिर्फ़ सुमिरन, अपने परम प्यारे का। अब क्या फ़र्क़ रहा सुमिरन मोहन का हो या मुहम्मद साहब का?

मीरा के असामान्य प्रेम में हमने बहुत सारे भाव देखे, मित्रता, युगल प्रेम, भक्ति और अंत में मुक्ति। भक्ति तक तो फिर भी ठीक है, पर जो उन्मुक्त पागलपन मीरा ने पाया उसके बाद अब वापस आने का कोई रास्ता नहीं था और न ही चाह रही होगी।

मीरा के पागलपन ने उन्हें बेहद अनूठा बना दिया। उनका असामान्य प्रेम और भक्ति आज भी उन्हें अलग खड़ा कर देती है जब हम भक्तों के बारे में बात करते हैं।

कहा जाता है कि कृष्ण को ख़ुद मीरा का मार्गदर्शन करने आना पड़ा। एक बार मीरा थोड़ी विचलित हुई थी। एक क्षण आस्था डगमगाई और वह हारने ही वाली थी| कथाओं में कहा गया है कि एक पल के लिए शायद जीवन समाप्त करने का ख्याल आया मीरा के मन में, कि तभी दिखाई दिए उन्हें मोहन| एक स्वर, जिसने उन्हें अपना महल छोड़ वृंदावन जाने की आज्ञा दी। यह मीरा की आंतरिक चेतना की शक्ति ही थी, जो उन्हें कृष्ण के रूप में दिखाई दि। अनुपस्थित ही सही पर आख़िर कैसे ना आते मोहन? ऐसा बाग़ीपन, दीवानगी तो पर्वत भी झुका दे।

# मीरा, एक सम्मानित कलंक

क्या स्वीकृति आवश्यक है? क्या यह प्रश्न होना चाहिए कि मीरा किसकी? मीरा सिर्फ़ मीरा की, स्वतंत्र, स्वाधीन अपनी चेतना में।

आखिर क्यूँ मीरा को एक सम्पूर्ण शक्ति के रूप में स्वीकार करना इतना मुश्किल है हमारे लिए? चैतन्य की बात करें तो मीरा किसी से कम नहीं थी। प्रेम भक्ति मार्ग की बहुचर्चित संत थी मीरा, पर फिर भी क्या समाज उनको बराबरी का दर्जा दे पाया है? हालाँकि उनका पूरा जीवन आत्म खोज की यात्रा है, फिर भी उनके स्वयं के प्रतिनिधित्व के लिए उन्हें अभी भी एक नाम की आवश्यकता है, क्यों? महिला मुक्ति का नेतृत्व करने वाली मीरा, महिला को मुक्ति का मार्ग दिखाने वाली मीरा को क्या समाज में पूरी तरह से स्वीकार किया गया है? जवाब हम सब जानते हैं। आख़िर क्या कारण होगा इसका? क्या बस यही कि वह स्त्री थी?

अगर पौराणिक कथाओं पर विश्वास किया जाए तो कृष्ण ने ख़ुद कभी स्त्री और पुरुष के बीच भेदभाव नहीं किया था। हम तो सदैव देवी को ऊर्जा, शक्ति के स्रोत के रूप में मानते आए हैं।

शिव को अर्धनारीश्वर अवतार में देखा गया है, जो ये बताता है कि नर और नारी एक दूसरे के पूरक हैं। फिर हमारी संस्कृति में इतनी दृढ़ता से ये भेदभाव कैसे होने लगा?

असल में ये भेदभाव भी आदिकाल से ही रहा होगा जो कभी ज़्यादा,

कभी कम सामने आया होगा। हाँ, हमेशा स्त्री को अपनी पवित्रता पुरुष की नज़र में साबित तो करनी ही पड़ी है। वह शक्ति मीरा में ही थी जो खिलाफत कर पाई निडर होकर।

आदम और ईव के समय की बात करते हैं, जब पृथ्वी पर मानव जाति की शुरुआत भी नहीं हुई थी। और इसी शुरुआत के लिए आदम और ईव को इश्वर ने साथ ईडन के बगीचे में रहने भेजा था|

कहानी ऐसी है कि आदम और ईव जिस बगीचे मे रहते थे, उन्हें उस बगीचे के किसी भी पेड़ से फल खाने की स्वतंत्रा थी, बस एक वृक्ष निषिद्ध था। फिर ऐसा होता है कि शैतान, सर्प का रूप धारण कर उस बगीचे में पहुँचता है और वह ईव से मिलता है। उस सर्प की खासियत थी कि वह बोलता था। वह सर्प ईव को कुछ फल भेंट स्वरुप देता है और उसे खाने पर उकसाता है| आदम और ईव इस बात से बे-ख़बर थे कि उनमें कुछ फल उस निषिद्ध पेड़ के भी थे।

उस फल को खाने के बाद आदम कामुक्ता अनुभव करता है। जिसके लिए ईश्वर उन्हें श्रापित करते है। पर शायद इसके लिए भी मुख्य दोषी स्त्री जाती, यानी ईव को माना जाता है| संतान उत्पत्ति के समय की प्रसव पीड़ा का अभिशाप ईव के हिस्से में, यानी स्त्री के हिस्से में ही आता है।

हालाँकि उन दोनों को सांसारिक चक्र शुरू करने के उद्देश्य से ही ईश्वर ने भेजा था। हो सकता है दोनों शारीरिक नग्नता से अनजान, एक साथ घूमते हुए एक दूसरे के बारे में उत्सुक हुए हों। अकेलेपन के क्षणों और जिज्ञासा की सामान्य भावना ने उन्हें उस फल का सेवन करने के बाद शारीरिक अंतरंगता के लिए प्रेरित किया होगा। पर, परमेश्वर के अनुसार सम्भोग एक पापपूर्ण कार्य था और इसका मुख्य दंड केवल स्त्री को दिया गया।

हालाँकि, प्रजनन समय की आवश्यकता थी फिर भी पुरुष और महिला को

एक ही कृत्य की सज़ा के लिए अलग-अलग मापदंड। ऐसा क्यों? पुरुष स्वतंत्र था। क्या यह अजीब नहीं है?

प्रजनन से लेकर अध्यात्म तक, हर जगह एक पुरुष और एक महिला को अनुरूप होने की ज़रूरत थी, लेकिन हमने भेदभाव क्यों शुरू किया?

इस सारी प्रक्रिया में, एक पुरुष और एक महिला को एक साथ होना चाहिए था। जीवन को शुरू करने के लिए एक साथ, कामवासना के उद्गमन से लेकर आनंद की खोज तक, चेतना को प्राप्त करने के लिए भी दोनों को एक दुसरे का पूरक बनने की आवश्यकता है। आध्यात्मिक जागृति के लिए भी, दोनों समान महत्वपूर्ण भूमिका निभाते हैं।

चैतन्य की उपलब्धि या आध्यात्मिक बोध से पहले यात्रा की शुरुआत तो कामवासना से ही होती है और जीवन शुरू करने का श्रोत भी काम ही है।

स्पर्श हर भावना की घनिष्ठता को तीव्र करता है। अब वह स्पर्श शारीरिक हो, मानसिक या आध्यात्मिक पर सच यही है| हालाँकि सुनने में बात अटपटी लगेगी कि काम की अनुभूति और पूर्ति आवश्यक है। संभोग से ही निकलता है रास्ता समाधि का। बड़े-बड़े शोधकर्ताओं ने यह साबित किया है कि संभोग के बीच कुछ समय के लिए एक ऐसी अवस्था होती है जहाँ हम शून्य होते हैं। यह शून्य से ही शुरू होती है समाधि क्योंकि उस पल में हम संपूर्ण होते हैं, केंद्रित, तृप्त और संतुष्ट। ना विचार शेष होते हैं ना ही कोई उपलब्धि की लालसा। टोटल ब्लिस। संभोग सुखपूर्ण हुआ तो सचेतन तक ले जाने वाली आनंद की अनुभूति और अगर नहीं हुआ तो आनंद की खोज के दुसरे रास्ते। जब हम आनंद की उस चरम स्थिति तक पहुँचने में असफल होते हैं, तो यह निराशा, उदासी, पीड़ा लाता है।

यह स्थिति वह हो सकती है जिसने मानव को आनंद, प्रसन्नता और ट्रान्स के अन्य स्रोतों से परिचित करवाया। जैसेकि ध्यान, व्हर्लिंग, कलात्मकता।

यह अधूरापन खोज की लालसा भी जगाता है और कला की भी। प्रकृति के नियमानुसार मनुष्य निर्माण के लिए बना है, यात्रा के लिए बना है और स्वयं के पार जाने की यात्रा की पहल स्वयं से ही होगी।

और इन सब में पुरुष और स्त्री, यानी कि शक्ति के दोनों रूप एक दुसरे के साथ हो तभी बात बनेगी, यह तो हम सब जानते हैं।

पर मीरा ने तो किसी भी दुसरे की आवश्यकता या उपस्थिति को ही निरर्थक साबित कर दिया। मीरा को कहाँ मोहन के होने की आवश्यकता थी?

वह तो अपनी चेतना में समग्र ब्रम्हांड का एकाकार कर चुकी थी। कोई भेद ही नहीं रहा जब, तो मीरा न तो मोहन की न उनकी भक्ति मुहम्मद साहब की। मीरा यह समझती थी कि जब तक दो रहेंगे तो बात आदान प्रदान की रहेगी। स्वयं में सम्पूर्णता है। एक ही आत्मा मीरा, मुहम्मद साहब, मोहन और हम सब में है फिर भी आज तक एक तुलनात्मक प्रतिस्पर्धा चल रही है।

जब वही आत्मा मीरा और मुहम्मद साहब में भी मौजूद है, तो मीरा को उसके साहस और समर्पण के लिए स्वीकार क्यों नहीं किया जा सकता है जिस तरह से मुहम्मद साहब को उनकी कर्तव्यनिष्ठता के लिए?

क्यों मुहम्मद साहब समुदाय के लिए एक पैगंबर और मीरा की स्वछंदता और भक्ति परिवार के लिए एक अपमान है?

मुहम्मद साहब को उनके द्वारा किए गए बलिदानों के लिए याद किया जाता है, क्या मीरा को भी? अंतत: जब आत्मा एक हैं, जब मीरा और मुहम्मद साहब हम में से हर एक में मौजूद हैं, तो क्या उसी तरह दोनों को बराबर का सम्मान  दिया जा सकता है?

आदमी और औरत हमेशा ऊर्जा के पूरक स्रोत रहे हैं।

फिर क्यों यह भेद कि मुहम्मद साहब एक धर्म स्थापित कर गए और मीरा को समाज में स्वीकृति तक नहीं? मीरा और मुहम्मद दोनों ने ही विभिन्न काल में समान आध्यात्मिक ऊंचाई हासिल की, ख़ुद की खोज कर, ख़ुद से आगे निकल गए। तो क्या दोनों साथ नहीं चल सकते?

जब चेतना एक, आत्मा एक, शक्ति भी एक और पथ भी फिर मीरा को वह दर्जा क्यों नहीं जो हज़रत मुहम्मद साहब को?

क्या सच में मीरा कलंक हो सकती है? वह हमेशा एक समग्र, एक साहसी पथिक के रूप में पूर्ण थी। तो क्या यह भेद सिर्फ़ उनके स्त्रीत्व का है? वह तो कृष्ण से कभी शारीरिक रूप से मिली तक नहीं। क्या ख़ुद के भीतर मोहन रखने वाली मीरा को मुहम्मद साहब जैसे सम्मान के लिए प्रमाण की आवश्यकता है?

पर क्या मीरा को सम्मान की भी आवश्यकता है?

# कुरान का सन्देश या गीता का पैग़ाम

मीरा की जीवन यात्रा समर्पण का प्रतीक है। कृष्ण के प्रति उनका पूर्ण समर्पणभाव ही परिणाम था उनकी इस उन्मुक्त यात्रा का। उसने आत्मसमर्पण की इस कला को संपूर्णरूप से आत्मसात कर लेने को ही स्वयं की खोज का माध्यम माना। उनका आत्मसमर्पण पूरी तरह से अनूठा था। जो मोहन वास्तविकता में मौजूद ही नहीं थे, उनकी भक्ति कर पाना कहाँ सरल रहा होगा? पर ऐसा समर्पण भाव उस अदृश्य के लिए कि मीरा भक्ति का प्रबुद्ध श्रोत बन गई। पूरी तरह से मुक्त मीरा, उन्मुक्त जीवन को इस तरह जीती गई जैसे कि उनके कृष्ण की मर्ज़ी को वो समझती हो। वास्तव में मीरा स्वयं भक्ति का पर्याय बन गई थी।

समर्पण वो भाव है जिसमें हम पूरी तरह से ईश्वर के साथ एक हो ही जाते हैं। जब आप यह जान लेते हैं कि जो होता है वो ही विशिष्ट है तब आप विरोध मुक्त हो जाते हैं, और वो है सच्चा समर्पण। प्रश्न और शंकाएँ ख़त्म हो जाती हैं और उसकी जगह आप विश्वास से भरपूर जीवन जीने लगते हो। दृढ़ इच्छाशक्ति का एक स्वतः ही स्वीकृत अवस्था में परिवर्तित हो जाना कि जो कुछ भी घट रहा है, उसका उद्देश्य निर्धारित है, और वह हमारी देखने की क्षमता से बड़ा है, वह समर्पण है।

मुहम्मद साहब कहते हैं, समर्पण की कला ही प्राप्ति का एकमात्र रास्ता है और वह भी इसी का अनुसरण करते रहे और सभी को ऐसा ही करने का सुझाव देते रहे। इस्लाम में प्रार्थना या नमाज़ का अर्थ और कुछ नहीं,

समर्पण का एक रूप है। समर्पण उस अदृश्य, सर्वव्यापी, निराकार को।

अद्भुत तो थी ही मीरा। मीरा ने इसी स्थिति को जिया। कभी कोई सवाल नहीं रहे उनके, न कोई शंका। जो था जैसे था उसमें उन्हें अपने गिरधर गोपाल की ही इच्छा दिखाई दी।

ऐसा भरोसा कि जब मृत्यु भी सामने आकर खड़ी हुई तब भी उन्होंने स्वयं को बचाने की कोशिश नहीं की। ये ताकत थी उनके चैतन्य की, जिन्हें उन्होंने नाम दिया कृष्ण। कभी मीरा रेगिस्तान में भटकती, कभी प्रेम यमुना में डूबती, पर रुकी कभी नहीं। संदेह ही नहीं था कोई।

मीरा, प्रेम और भक्ति भाव में डूबी, कभी भंवर में फँसी, कभी यमुना में डूबती रही, लेकिन उन्हें निस्संदेह यह भरोसा था कि पहचान का विलय होना आवश्यक है। बच गए तो संभावना ख़त्म। ऐसा विलय प्रक्रिया कि तरह होता है| जो पहले तो व्यक्ति का शैशव में, फिर एक भक्त में, बाद में एक भक्त का अपने भगवान में और अंतत दोनों का एक-दूसरे में - एक आत्मा, एक चैतन्य। समर्पण आवश्यक है इस विलीनता को उपलब्ध होने के लिए।

मीरा की भक्तिसभर कविताओं से उनके भाव को साफ समझा जा सकता है।

वह कहती है, **"श्याम मने चाकर राखो जी** ...मेरे श्याम मुझे अपनी दासी मान ले बस वही एक मात्र उपलब्धि है मेरी। मेरी सेवा का स्वीकार कर मुझे हर पल अपने दर्शन का आभारी बना। दुनिया भर में अपनी लीला गाने का मौका दे और सभी को इस अनुभूति की अनुकंपा दें।" ऐसा समर्पण भाव और किस में देखा जा सकता है? महलों की रानी मीरा, दासत्व में आनंद पा रही है।

यह समर्पण वह चमत्कार है जो इस गंभीर चेतना की उपस्थिति में

उनके भीतर होता है, परम भक्ति की स्थिति में। चूँकि चेतना भीतर की, अंतर्मन की बात है, इसलिए यह समर्पण भी वहीं से आता है, वहीं होता है। शक्ति का यह श्रोत, विशाल आंतरिक आकाश में हजारों सूर्य को गति प्रदान करता है और उस प्रकाश में वह अपने कृष्ण, यानी चैतन्य के माध्यम से खुद को देखती है।

ऐसा कहा जाता है कि, जब मीरा महल छोड़कर मथुरा-वृंदावन चली गई, उन्होंने अपना अधिकांश समय भगवान कृष्ण की प्रार्थना और पूजा में बिताया। वह आत्मज्ञान की तलाश में भटकती रही। अंत में, वह द्वारका पहुंची। कृष्ण के प्रति उनका प्रेम इतना गहरा था कि, वे द्वारका में मोहन की मूर्ति में विलीन हो गई।   यहाँ सोचने की बात यह है कि कृष्ण हमेशा उनके भीतर ही थे, चैतन्य स्वरुप। वह पहले ही उनको आत्मसमर्पण कर चुकी थी, इसलिए उन्हें बाहर खोजने का कोई अर्थ ही नहीं था, वह उनकी खुद की खोज थी। हाँ, उसने महल छोड़ दिया, क्योंकि वह जानती थी कि उनकी जगह कहीं और थी। खुद की खोज का सफ़र, उनकी दीवानगी का रास्ता बंजारेपन में था। उन्हें किसी असुरक्षा का भय नहीं था, जब बेश क़ीमती धरोहर उनके भीतर ही थी, तो हारने या खोने के लिए क्या बचा? सबसे महत्वपूर्ण चीज़ जो थी - आत्मा, उसका उसने समर्पण कर दिया था।

अब अदृश्य की मर्ज़ी, वो जहाँ भी ले जा रहा था, दृश्यमान को पूरी तरह से स्वीकार था। उन्हें ना कोई अपेक्षा न आकांक्षा, वह बस बाँटने के लिए चलती जाती है, कभी प्रेम तो कभी असामान्यता का सन्देश |

सामाजिक प्रथाओं और रीतियों से लड़ती और भक्ती में स्वयं का समर्पण करती, इतराती हुई नाचती, वह थी मीरा। उनके पास संगीत था, गा लिया कृष्ण के लिए। नृत्य था, दीवानगी की सीमा से उपर उठ कर नाची मीरा। वह संपूर्ण समर्पण करती गई और फिर भी हज़ार गुना मिलता गया। स्वयं को पाने से महत्वपूर्ण क्या हो सकता है?

इस्लाम के पांच स्तंभ विश्वास, प्रार्थना, भिक्षा या दान, रमजान के महीने में उपवास रखना और मक्का की तीर्थ यात्रा ये सभी स्तंभ एक तरह से उस ईश्वर के प्रति पूर्ण समर्पण के रास्ते ही हैं।

मुहम्मद और मीरा, दोनों आत्मसमर्पण की कला में निपुण थे। मीरा ने सब सुख सुविधाओं का त्याग किया क्योंकि उनके निःस्वार्थ समर्पित अस्तित्व में भौतिक सुविधाओं का कोई स्थान ही नहीं था।

मुहम्मद साहब ने इस विश्वास पर ही जीवन जिया कि अगर अगला दिन आएगा, तो अगले दिन के लिए व्यवस्था भी हो जाएगी। यह विश्वास समर्पण भाव का ही तो परिणाम है।

उस अदृश्य में यह अटूट विश्वास भी अंततः स्वयं में विश्वास ही है, इस स्वयं में ही तो बिराजमान है वो जिसे हम मोहन कहते हैं।

राधा और कृष्ण का प्रेम निस्संदेह सर्वमान्य रहा होगा, तभी तो बिछड़ने के बाद भी वो दोनों मूर्तियों में साथ ही स्थापित हैं। प्रेम की सीमा से परे दोनों ने एकदूसरे के वियोग में भी एकदूसरे को ही पाया।

ऐसी ही प्रेम में डूबी मोहन की गोपियों की कहानी भी लोकप्रसिद्ध है।

गोपियों संग कृष्ण के रास की कहानी, बांसुरी की तान पर मंत्रमुग्ध मदहोशी की घटनाएँ सब जानते हैं।

बिलख के रोई गोपियाँ कृष्ण के मथुरा प्रस्थान पर।

**सोचिए** क्या रही होगी मीरा जिन्होंने कभी कृष्ण को देखा ही नहीं पर फिर भी ऐसा समर्पण कर सकी जो समय के और काल के बन्धनों से मुक्त था।

कहते हैं उद्धव का प्रश्न था कृष्ण को कि वह स्वयं ईश्वर होते हुए भी कैसे ये मोह के बंधनों में फँसे हुए हैं? जिस पर कृष्ण ने उद्धव से कहा कि

इस प्रश्न का यथार्थ उत्तर पाने के लिए उद्धव को वृन्दावन जाना होगा।

और वहाँ जाकर उद्धव ने जो करुण रुदन देखा गोपियों का, वो भी भावविभोर हो उठे। वो अनुभव उद्धव के परिवर्तन के लिए सार्थक रहा।

जाने क्या होता अगर उद्धव मीरा के समर्पण की झलक भी पा जाते?

प्रेम, भक्ति, समर्पण और अधिकार, संसार को इसी माध्यम से चलना चाहिए। और बस यही एक मात्र रास्ता है। इसीको मोहन और मीरा दोनों ने आत्मसात किया।

प्रेम ही है जो एक सीमा के बाद भक्ति का रूप लेता है और भक्ति फिर समर्पण बन जाती है। और वही समर्पण फिर अधिकार का अनुभव देता है। वो अधिकार भी हम अपने ही भीतर महसूस करते हैं जिसकी वजह से हम यह कह पाते है कि,

"आ पिया इन नैनन में जो पलक ढांप तोहे लूँ
न मैं देखूँ गैर को न तोहे देखन दूँ"

यह प्रेम और समर्पण के रास्ते से पाया गया अधिकार फिर अधिकार नहीं रहता। इसका क्रम भी अगर बदला गया तो जीवन का अध्याय बदल सकता है, अर्थ बदल सकता है। फिर वो अधिकार तक पहुँचना असंभव ही होगा।

# मीरा-सामाजिक एवं सांस्कृतिक चेतना की एक अवस्था

*स्वयं में विलीन होने के लिए स्वयं की खोज।*

राणा ने मीरा पर चिल्लाते हुए कहा, "मीरा, मुझे अपने वो प्रेमी को दिखाओ जिसके साथ तुम अभी बात कर रही थी"।

मीरा ने उत्तर दिया, "वह बैठे है- मेरे नैनचोर जो मेरी आती जाती साँस के एक मात्र साक्षी है। मेरे गिरधर गोपाल जिनकी मैं दासी, मैं उनके रंग रंगी और वो ही मेरे साथी"। ये कहते हुए मीरा बेहोश हो जाती है और राणा हैरान रह जाते है।

राणा पूरी तरह से उलझन में, भ्रमित, देखते रहते है क्योंकि जिससे मीरा बातें करती थी वो कृष्ण के नाम पर तो वहाँ कोई था ही नहीं। फिर उसने मीरा को किसके साथ बात करते हुए सुना? राणा ही नहीं, दूसरों ने भी कई बार सुना था। वहाँ जो था, वह एक मूर्ति थी। मूर्ति से कैसे बात कर सकती थी वह? और वो भी ऐसी अवस्था, इतना समर्पण भाव, एक मूर्ति के लिए?

उस मूर्ति के प्रति जिसको मुहम्मद साहब कब के तोड़ चुके थे?

इस्लाम को स्थापित करते हुए, निराकार की बात करते हुए। मूर्ति तो शायद सिर्फ प्रतीक रह चुकी थी। और नहीं भी रहती तो क्या फर्क पड़ता था? जिस मूर्ति को मुहम्मद साहब ने बरसों पहले तोड़ा था उसको अपने

भीतर सहेज कर रखा था मीरा ने।

कई बार ऐसा होता है, हमें सुरक्षा के लिए कुछ आभूषण पहनने पड़ते हैं, जैसे युद्ध में योद्धा को तलवार उठाने से पहले ढाल उठाना होता है। ऐसा ही एक आभूषण थे मीरा के लिए मोहन, नाम की ढाल।

यह थी मीरा, जो भौतिक उपस्थिति के समीकरणों से परे थी। वह जानती थी कि जब तक दूसरा मौजूद है, तब तक आप वास्तव में एक नहीं हो सकते।

महल और उनके पास पड़ोस में उठते विभिन्न अफवाहों की वजह से मीरा के पति राणा भोजराज काफी चिंतित रहने लगे थे। प्रश्न उठते थे मीरा की साधु संतो की संगत में होने पर। जब मीरा पर उनकी वैवाहिक ज़िम्मेदारियों के बारे में सवाल किया गया, तो मीरा ने जवाब दिया कि वह कृष्ण को ही अपना पति मानती है।

लेकिन कृष्ण थोड़ी देर के लिए भी मौजूद नहीं थे। अनुपस्थिति में, मोहन को उपस्थित रखे हुई थी मीरा, अपने हृदय में। मीरा ने मोहन बनाया, या हो सकता है कि मोहन भी मीरा में डूबे हो।

वास्तविकता तो यही है कि मीरा विद्रोही थी जो अपने परिवार, अपनी वैवाहिक ज़िम्मेदारियों को छोड़कर अपनी चेतना, अपने कृष्ण के साथ बड़े गर्व के साथ अपनी आध्यात्मिक यात्रा पर चल पड़ी थी। पूरी तरह से कृष्ण में मगन, अपनी खोज पर अग्रसर मीरा।

कृष्ण मीरा का चरित्र हो गए थे। ऐसा चरित्र जो मीरा को भक्ति की चरम सीमा तक ले गया।

सामाजिक दबाव या ज़िम्मेदारियों के कारण, उसे कृष्ण को छोड़ना पड़ता अगर वह कोई और होते, पर खुद अपने आप को कोई छोड़े भी कैसे? क्योंकि यहाँ अब दो व्यक्ति ही नहीं थी, तो न रही पाने की चिंता न

खोने का भय। बस, रहा तो समर्पण और आनंद। मीरा को न कृष्ण के बाँटने का डर था ना ही छूटने का।

पूर्ण रूप से केवल भक्ति। क्या सोच रही होगी ऐसे जीवन को चुनने के पीछे?

अगर हम वर्तमान स्थिति के बारे में सोचे, तो हमारे बीच या ऐसे कहें कि हम सब में कुछ ऐसी आंतरिक सोच आई ही है कभी न कभी कि जो हम कर रहे हैं, जैसे जी रहे हैं वो हमारा उद्देश्य नहीं है। कभी न कभी हमें यह ख़याल एकबार ज़रूर आता है कि हम जिस तरह जी रहे हैं वह सही मायने में जीना नहीं है। हम में से कुछ ने तो कुछ नया और बेहतर करने की योजना भी बनाई। पर जैसा कि हम समझते हैं, हम अपने लिए तय की गई सभी सांसारिक ज़िम्मेदारियों का त्याग नहीं कर सकते।

आध्यात्मिकता का सफर मीरा के लिए आसान ही इसलिए हो पाया क्योंकि उन्होंने अपने सफर में किसी भी दूसरे व्यक्ति, समाज या परिस्थिति को स्थान ही नहीं दिया। यहाँ तक कि न उन्हें किसी गुरु की आवश्यकता थी न ही मित्र की।

अब यहाँ हमें रुकने और सोचने की आवश्यकता है। अब, जब कोई और था ही नहीं, तो क्यूँ मीरा को अपनी यात्रा जारी रखने के लिए अपने दायित्वों को छोड़ना पड़ा होगा?

शायद, क्योंकि सामाजिक तौर पर और कोई नहीं था जो उस अस्तित्व विहीन की स्वीकृति को मान सके और स्वयं की खोज को समझ सके।

पर वो तो मीरा थी, जैसा कि आगे कहा गया, वह जानती थी कि जीवन का उद्देश्य खुद को पाने से बड़ा और कुछ हो ही नहीं सकता।

मोहन, मुहम्मद या फिर मीरा के भीतर बिराजमान ब्रह्म ही एक मात्र सत्य है।

मीरा विद्रोही थी, अनुयायी नहीं हो सकती थी। वो भीड़ का हिस्सा नहीं थी।

पर मीरा के होने में ही संभावना है सबकी उपलब्धी की। इसीलिए मीरा को सांस्कृतिक और सामाजिक चेतना का उदाहरण कहा जा सकता है। अगर पूरा समाज ही इनर कोन्श्यसनेस - आंतरिक चेतना की तरफ अग्रसर हो गया, फिर न तो कभी कुछ छूटेगा और नाहीं कुछ छोड़ना होगा, क्योंकि पाना ही तो स्वयं को है।

सभी बाधाओं के बावजूद, मीरा ने अपने मोहन को कभी नहीं छोड़ा क्योंकि कोई अपने आप को कैसे छोड़ देगा? कोई दूसरा था ही नहीं।

मीरा ने बहुत समय पहले की इश्वरिय भ्रांतियों को भी नकार दिया और सामाजिक भी। नहीं तो प्रेम के लिए किसी की ज़रूरत ना ही भक्ति के लिए|

हालाँकि इस घटना का कोई प्रमाण नहीं है, पर कहानी ऐसी भी है कि एक बार शहंशाह अकबर और उनके दरबारी संगीतकार तानसेन, मीरा की भक्ति और प्रेरक गाथाओं को सुनने के बाद प्रभावित हो कर चित्तौड़ आए उनसे मिलने। दोनों ने मंदिर में प्रवेश किया और मीरा की भक्ति को, उनकी विरह के गीतों को सुना। कहा जाता है कि वापस जाने से पहले उन्होंने मीरा के पवित्र चरणों को स्पर्श किया।

इस पर राणा उग्र हो गए। उन्होंने मीरा से महल छोड़ कर जाने को कह दिया। पर आखिर कठिनाई क्या थी मीरा के लिए जब उनका समर्पण और स्वीकार ही संपूर्ण था?

# कोहरा हुआ सुहागन

मज़ार पर बिखरे सूखे फूल,

और शमशान में उड़ती राख ने घर का पता पाया,

बिछी कालीन सी 'उनके' क़दमों में,

हुई ऐसी गुफ़्तगू उनमें

फूलों ने पूछा राख़ से, क्यों उड़ती फिरती हो?

बा-जवाबन राख़ ने कहा, सवाल ही तो यही है।

मज़हब-ए-महबूब से रूबरू हैं अब, महकने का वक़्त है

मोहब्बत इश्क़ हुआ और कोहरा अब सुहागन,

चलो महक लें, सज लें, जी लें

बा-बख़शीश मिलें हैं जो उनको पी लें।

मीरा का शास्त्र प्रेम का, भक्ति और समर्पण का। मीरा शास्त्र कम है, संगीत ज़्यादा है। और केवल संगीत ही तो भक्ति का शास्त्र हो सकता है। जैसे तर्क ज्ञान का शास्त्र बनता है, वैसे संगीत भक्ति का शास्त्र बनता है। जैसे विज्ञान आधार है ज्ञान का, वैसे काव्य नींव है भक्ति की। ज्ञानी सत्य की खोज करता है परंतु भक्त सत्य की नहीं, प्रेम की खोज करता है। भक्त के लिए बस प्रेम ही सत्य है। ज्ञानी कहता है सत्यम् शिवम् सुन्दरम्। भक्त कहता है प्रेम ही सत्य है, सुंदर भी।

और सत्य है ही क्या, स्वीकार का, समर्पण का?

यह चर्चा एक तरफ तो एक ऐसे संबंध की है जो तभी जुड़ सकता है अगर हम अपना हृदय जलाकर उसकी ख़ुशबू में महकने के लिए तैयार हों। जैसे थी मीरा, और उस संबंध का आधार था प्रेम। वैसे भी संसार में और कुछ ऐसा है ही नहीं जो प्रेम से अधिक महत्वपूर्ण हो।

ऐसा संबंध वही जोड़ सकता है जो तैयार हो अनिश्चितता में डूबने को, गोते लगाने को ऐसे विराट में जिसका कोई छोर ही नहीं। जो सोच और समझ सब छोड़कर बस किसी का हो जाने की ताकत रखता हो। यही ताकत तो थी मीरा की।

एक नदी जैसी है मीरा। इतना पवित्र, निश्छल और कुछ नहीं हो सकता। मीरा से डूबने की कला सीखा जा सकता है। डूब के भी तो पाना ही हुआ ना! हम अगर मीरा के बने तो शायद यह सीख पाएँगे कि सुहाग वह नहीं होता जो प्रदर्शित किया जाता है। वह सिर्फ बंधन है। सुहाग तो वह है जो हर बंधन से मुक्त कर दें। यह अंतर है सुहाग और संबंध का। प्रेम और वैराग्य का।

वैराग्य में भी रस भर दे ऐसा सुहाग था मीरा का। वो नहीं हुई किसी की, होना नहीं पड़ा उनको क्यूंकि उन्होंने अपने प्रीतम को अपना ही साकार माना।

बिना फ़ेरे और रिवाजों के वो जिनसे जुड़ चुकी थी, उस जोड़ से उनको कोई भी रिवाज़ अलग नहीं कर सकता था। मीरा के फ़ेरे शरीर से नहीं, वो मन के फ़ेरे थे। उसमें साक्षी अग्नि नहीं, सिर्फ मन ही था। गठबंधन दो लोगों के बीच का नहीं, दो आत्माओं का था, चेतना का। मीरा और मोहन का समामेलन। ऐसी थी यह शादी, ऐसी शहनाई जिसकी गूंज हम अब तक सुनते हैं मीरा की कविताओं में।

प्रेम में कोई विधि नहीं होती, विधान नहीं होता। हो जाता है बस, बिजली के गरजने की तरह, बादल के टकराने की आवाज़ की तरह। हो गया तो हो गया। और अगर नहीं हुआ तो करने का कोई उपाय भी नहीं है। मीरा को तर्क और बुद्धि से हम नहीं समझ सकते। मीरा का तर्क और बुद्धि से कुछ भी लेना-देना नहीं है। मीरा को भाव से, भक्ति से, श्रद्धा से ही समझा जा सकता है। थोड़ी देर के लिए मीरा के साथ पागल हो जाओ उसकी मस्ती की दुनिया में, प्रेमियों की दुनिया में। अगर पागलपन की मंज़ूरी है तो ही हम समझ पाएँगे मीरा को, वर्ना चूकना संभव है। मीरा के वचन अगर हम सुनेंगे, चर्चा करेंगे, गुनगुनाएँगे, डूबेंगे इन वचनों में तो पाएँगे कि इनका बाहरी दुनिया से कोई तालमेल ही नहीं है। यह तो भक्त की अनुभूतियाँ हैं, इनका सिर्फ आंतरिक दुनिया से मेल है। ऊपर से कुछ न दिखाई पड़ेगा कि इनमें क्या संबंध है। जब उठा भाव, गाया, जैसा उठा वैसा गाया। यह तो प्रार्थना के गीत हैं। इन गीतों में सुधार भी नहीं किया गया है। जब कभी कोई कवि लिखता है तो खूब सजाता है सँवारता है। पर यह तो बिलकुल कोरे हैं, वैसे के वैसे जैसे खदान से हीरे निकलते हैं-तराशे नहीं गए-बेतराशे, अनघड़!

ऐसा कहा गया है कि मीरा पूर्व जन्म में गोपी थी, ललिता। कृष्ण के साथ नाची, वृंदावन में कृष्ण के साथ गाती थी वह। वह प्रेम पुराना था-मीरा का भी यही कहना है-यह प्रेम नया नहीं है। और इसकी शुरुआत जिस ढंग से हुई, वह शुरुआत साफ बताती है कि ऐसा प्रेम नया हो ही नहीं सकता। मीरा सही में जन्मों से प्रेममयी ही है। इसका कोई प्रमाण नहीं

हो सकता था, ना ही है, पर अंतर्भाव पर्याप्त है और यही अंतर्भाव मीरा का प्रमाण है। बसे बसाए ही थे उसके मोहन उनमें।

मीरा बहुत छोटी थी तब, एक साधु मीरा के घर मेहमान बन कर ठहरे। सुबह जब साधु ने उठ कर एक मूर्ति जिसे अपनी झोली में छुपा कर रखा था, उसे निकाला तो मीरा एकदम पागल सी हो गई। जैसे कि अचानक से कुछ याद आ गया हो। वह मूर्ति देखते ही जैसे कि चित्र पर चित्र खुलने लगे। वह मूर्ति मोहन की जो थी -फिर से शुरुआत हो गई उस प्रेम कहानी की, और कारण बन गई हृदय के चोट की, या कहे ठहराव की। चरितार्थ हो गये मोहन, वह साँवला चेहरा, वह बड़ी आंखें, वह मोरमुकुट बाँधे, वही बाँसुरी बजाते कृष्ण जीवंत हो गए और यहाँ से मीरा के मृत्यु की शुरुआत हुई। मीरा रोने लगी। साधु से माँगने लगी मूर्ति। लेकिन साधु को भी बड़ा लगाव था उस मूर्ति से। उसने मूर्ति देने से इनकार कर दिया। मीरा ने खाना-पीना बंद कर दिया।

फिर एक दिन उस साधू को सपना आया, और सपने में उसने एक आवाज़ सुनी 'मूर्ति उसकी है जिसके हृदय में मूर्ति के लिए प्रेम है'। और किसकी मूर्ति?

साधु घबरा गया, उसे ऐसा लगा कि उसने जो आवाज़ सुनी वह कृष्ण की थी। कृष्ण तो कभी उसे दिखाई भी न पड़े थे। वर्षों से प्रार्थना-पूजा कर रहा था, वर्षों से इसी मूर्ति को लिए चलता था, फूल चढ़ाता था, घंटी बजाता था, कृष्ण कभी दिखाई न पड़े थे। आधी रात आकर जगाया मीरा को और कहा मुझे क्षमा करो, मुझसे भूल हो गई।

कृष्ण को देखा न हो, कृष्ण को जाना न हो, कृष्ण की सुगंध न ली हो, कृष्ण का हाथ पकड़ कर नाचे न हो, तो लाख उपाय कर लें, हम कृष्ण का कभी जीवंत अनुभव न कर सकेंगे।

अब मीरा मस्त रहने लगी, जैसे शराब मिल गई हो। दो वर्ष बाद पड़ोस में किसी का विवाह हुआ, और यह सात-आठ साल की लड़की ने पूछा

अपनी माँ से कि सबका विवाह होता है, मेरा कब होगा? और मेरा वर कौन है? वह उस वक्त भी कृष्ण की मूर्ति को छाती से लगाए खड़ी थी| माँ ने देखा तो ऐसे ही मज़ाक़ में कहा, "कि तेरा वर कौन है?-यह गिरधर गोपाल। यही तेरे वर हैं! और क्या चाहिए?" माँ ने बात तो मज़ाक़ में कही पर कहाँ जानती थी कि मज़ाक़ में ही क्रांति के बीज बो गयी उनकी यह बात।

उस दिन से मीरा ने अपना सारा प्रेम, कृष्ण पर उँडेल दिया। जितना वह प्रेम उँडेलती गई, उतने ही कृष्ण जीवित होते चले गए। पहले अकेली बात करती थी, फिर कृष्ण भी बात करने लगे। पहले अकेली नाचती थी, फिर कृष्ण भी डोलने लगे। यह नाता भक्त का और मूर्ति का न रहा; भक्त और भगवान का हो गया, घटी मृत्यु मीरा की।

लेकिन यही मृत्यु तो मीरा के जन्म का कारण बना। मीरा के अस्तित्व में, कण कण, रोम रोम में जितना प्रेम था, वह सब सिमटता गया। सारा प्रेम मोहन पर उमड़ता गया। माँ से लगाव था, माँ चल बसी। वह प्रेम जो माँ से था, वह भी गोपाल के चरणों में रख दिया। फिर बाबा ने पाला, फिर बाबा चल बसे; उनसे प्रेम था, वह भी गोपाल के चरणों में रख दिया। ऐसे संसार छोटा होता गया, सिकुड़ता गया और प्रेम बड़ा होता गया। और इन मृत्युओं ने एक और महत्वपूर्ण काम किया|

समझा दिया कि इस जगत में सब अनिश्चित है। अगर प्रेम खोजना हो तो शाश्वत में खोजो। जो कभी छूटे नहीं, वैसा प्रेम। यहाँ कुछ अपना नहीं है। यहाँ उलझना मत, अपने को धोखे में मत रखना, कुछ रुकने वाला ही नहीं, यहाँ  सब छूट जाने वाला है, साँस भी। यहाँ मृत्यु ही सत्य है, प्रेम की तरह| यह बस दो पल का बसेरा है।

वही बात लागू हुई मीरा की शारीरिक अवस्था पर। उन्होंने कहा, कृष्ण के आलावा उन्हें कोई स्पर्श नही कर सकता, यानि कि केवल शाश्वत के अलावा|

ना ही कोई छू सकता भी होगा शायद। क्या संभव भी होगा किसी के लिए ऐसी दीवानगी को आलिंगन में समेट पाना? भयभीत करता होगा शायद। और कृष्ण तो थे नहीं, फिर भी थे ही। सेज सजाई तो कृष्ण के लिए, श्रृंगार किया तो भी कृष्ण के लिए, उल्लासित हुई तो भी मोहन, और आह्लादित हुई तब भी सिर्फ मोहन। अब शरीर और मन सबका केंद्र कृष्ण ही हो गए।

हम जब भी बात कृष्ण की कर रहे हों, तात्पर्य हमेशा प्रेम ही है, भक्ति ही है। निराकार स्वरूप का प्रेम। अनुपस्थिति का स्वीकार।

पहले तो मीरा घर में ही नाचती थी, अपने कृष्ण की प्रतिमा के साथ। फिर तूफान की तरह उठने लगा प्रेम और महल उसे नहीं समेट सका। फिर गाँव के मंदिरों में, साधु-सत्संगीयों की टोलियों में, रेगिस्तान में भी नाचने लगी मीरा। फिर प्रेम इतना प्रगाढ़ होता गया कि उसे होश-हवास न रहा। वह मगन हो गई, वह तल्लीन हो गई, वह कृष्णमय हो गई।

यह बात वैसे तो ऐतिहासिक नहीं हो सकती है, लेकिन होनी चाहिए, क्योंकि अगर मीरा कृष्ण की मूर्ति में न समा सके तो फिर कौन समाएगा? उन्होंने कृष्ण को अपने भीतर जीवित कर लिया था, क्या कृष्ण इतना भी न करेंगे? क्या मोहन मीरा को घर तक नहीं पहुँचाएँगे? बस उसे अपने में समा ही तो लेना था। नहीं होता तो फिर भक्ति का सारा शास्त्र ही झूठा साबित होता। फिर तो भक्त का भरोसा ही उठ जाएगा। मीरा ने कृष्ण में अपनी पहचान मिटा दी, अब कृष्ण का भी कुछ दायित्व होगा। अब वह आख़री घड़ी आ गई थी महासमाधि की और मीरा ने प्रेम की पाती अपने मोहन को समर्पित कर कहा होगा या तो अपने में समा लो मुझे, या मेरे साथ चल पड़ो। वह घड़ी आ गई थी, जिसमें भक्त भगवान हो जाता है। यही कहा जाता है उस कथा में कि मीरा फिर नहीं पाई गई। मीरा कृष्ण की मूर्ति में समा गई। अंततः भक्त भगवान में समा ही जाते है।

यह थी मीरा की कृष्ण से शादी। ऐसा कोहरा जो सुहागन हुआ, बिन फेरों के।

ऐसी ही निष्ठा से मुहम्मद साहब ने भी की होगी खोज, और रचाया ब्याह कर्तव्यों से। मुहम्मद साहब के लिए उनकी मोहब्बत और इबादत सब कर्तव्य ही थे और उसी कर्तव्य पथ पर जहाँ एक तरफ उन्होंने सब गँवाया, वहीं सब पाया भी। मसीहा बनने का सोचा नहीं होगा पर बात तो थी इतनी ही कि करुणा ही तभी उतरी जब आयतें उतरी, गुफ़ा में बैठे। पर यह करुण भाव भी कर्तव्य पथ पर ही हाथ थाम कर ले गया।

गज़ब है ना सफर मीरा के मुहम्मद का? एक तरफ प्रेम बढ़ता रहा और प्रेम ही कर्म हो गया और दूसरी तरफ कर्म, प्रेम। ऐसा अनूठा सुहाग कहीं और कहाँ देखा जा सकता है?

जब अमीर ख़ुसरो कहते हैं "मैं निज़ाम से नैना मिला आई रे" तो यहाँ पर भी शायद ऐसी ही शादी की बात कर रहे हैं हज़रत अमीर ख़ुसरो। ऐसी शादी जिसमें किसी के होने या नहीं होने से कोई फर्क नहीं पड़ता।

**अमीर ख़ुसरो** ने यहाँ हज़रत निज़ाम से आँखे मिला आने का ज़िक्र किया। वह बात वैसे तो हुई गुरु और शिष्य की, पर यह एक अनूठा मिलन था। ख़ुसरो ने जैसे ही हज़रत निज़ाम को देखा, वो ऐसे भूले ख़ुद को कि उन्हें लगा कि अब इसके बाद, इससे ज़्यादा खूबसूरत और क्या हो सकता है देखने के लिए? औलिया निज़ाम की आँखों में ऐसे ही डूबे ख़ुसरो जैसे कि मीरा कृष्ण में।

औलिया निज़ाम, हज़रत मुहम्मद साहब के पथ पर चलने वाले ऐसे पैगम्बर हुए जो इस्लाम को प्रेम और करुणा के माध्यम से नई ऊँचाइयों पर ले गए। एक धारा फिर वही प्रेम की, इबादत की।

'की मुहम्मद साहब से गर वफ़ा तूने तो हम तेरे हैं,

ये जहाँ चीज़ है क्या? लौह-ए-क़लम तेरे हैं!'

# हर युग में अहिल्या

एक बार फिर याद दिला दें कि यहाँ बात धर्म की नहीं होने वाली है। यह बात है अनुभवों की, अनुभूतियों की और एहसासों की। जुड़ाव और अलगाव की।

एक बहुत महत्वपूर्ण सवाल है यहाँ।

श्री राम की संगत का सबसे गहरा और महत्वपूर्ण असर किस पर हुआ होगा? इस प्रश्न का अधिक से अधिक लोग यही उत्तर देंगे - लक्ष्मण या हनुमान, शायद कुछ सीता भी कह दें।

श्री राम के जीवन की गाथा काफ़ी प्रचलित है। विश्वभर के लोग जानते हैं। कई सारे अनुसंधान और खोज हुए, श्री राम और रामायण के ऊपर।

लेकिन क्या हम में से किसी ने कभी अहिल्या के बारे में सोचा या उसे समझने की कोशिश की?

अहिल्या का बहुत ही संक्षिप्त उल्लेख है रामायण में। इतना छोटा कि शायद हम में से कई लोगों को तो याद भी नहीं होगी अहिल्या।

उल्लेख छोटा है क्योंकि श्री राम के साथ उनका संयोग ही बहुत संक्षिप्त है।

सीताहरण के बाद जब श्री राम सीताजी का पता ढूँढ रहे थे तो उस प्रक्रिया में वन-वन भटकते वे और लक्ष्मण, गौतम ऋषि की कुटिया के बाहर से गुज़र रहे थे। तभी राम के पैर एक पाषाण से टकराए और चमत्कार घटा। पाषाण का ऐसा परिवर्तन कि वह अहिल्या बन गया।

अहिल्या, ब्रह्म द्वारा निर्मित बहुत ही सुंदर नारी। यह भी एक अजीब ही घटना है कि अहिल्या का जन्म नहीं हुआ, उसका निर्माण किया गया और फिर उपहार स्वरूप गौतम ऋषि को भेंट की गयी अहिल्या। यह एक संकेत है।

हम ये बात इसलिए कर रहे हैं कि संभव है हमें ये संदर्भ याद न हो, याद क्या शायद पता ही न हो।

तो क्या यह परिवर्तन पत्थर से इंसान का होगा?

नहीं, यह कैसे संभव है। यह पत्थर एक प्रतिरूप हुआ। हर इंसान शायद किसी न किसी तरह से पाषाणरूपी जीवन ही जी रहा है।

अब पाषाण में भी विविधता हो सकती है। पर पाषाण तो पाषाण ही हुआ।

जीवन में कभी परिस्थितियाँ, कभी ज़िम्मेदारीयॉं और कभी घटनाएँ निरंतर ऐसी घटित होती रहती है कि चलते फिरते सांस लेते हुए हम कब पाषाण हो जाते हैं पता नहीं चलता।

हम ख़ुद की आवाज़ नहीं सुन पाते, अपने ही भाव और अनुभूतियों को दरकिनार करते रहते हैं।

कुछ ऐसी ही किसी वजह से हुआ होगा अहिल्या का रूपान्तरण पत्थर में। फिर आए श्री राम जिनके स्पर्श मात्र से मुक्त हो गई अहिल्या।

सॉस चूकी होगी और याद आया होगा कि प्रतिक्रिया ही भूल गयी थी वो।

या फिर ढो रही होंगी, कुछ अनदेखा-सा जो समय रहते श्री राम के आने से छूट गया होगा।

पर असल में छूटना भी मुक्ति कहाँ है? मुक्ति है स्वीकार, जो है उसका स्वीकार।

कहानी तो ऐसी है कि देव इंद्र, गौतम ऋषि का वेश धर कर अहिल्या के साथ संभोग में थे और अनायास उसी वक़्त गौतम ऋषि वहाँ आ जाते हैं और पहचान लेते हैं इंद्र देव को। क्रोधित होकर अपनी पत्नी अहिल्या को श्राप दे देते हैं पत्थर हो जाने का। ऋषि को गुस्सा इस बात का था कि अहिल्या बहुरूपिये इंद्र को पहचान क्यूँ नहीं पाई?

पर क्या एक सोच ये भी नहीं हो सकती थी कि अहिल्या का समर्पण कैसा रहा होगा अपने पति के प्रति कि इन्द्रदेव को देवता होते हुए भी, अहिल्या को अपने वश में करने के लिए गौतम ऋषि का वेश लेना पड़ा, षड्यंत्र रचना पड़ा?

चलिए यह इतना महत्वपूर्ण नहीं है। पर सोचने वाली बात यह है कि क्या हम किसी भी बात से आहत होकर भी अपने कर्म करना छोड़ सकते हैं?

मनुष्य इसीलिए श्रेष्ठ कहलाया है कि वह हर हाल में अपनी निजी ज़िम्मेदारियाँ और कार्यों का वहन करता ही हैं, या कम से कम कोशिश तो करता ही है।

आहत अहिल्या पति की इच्छा का पालन करती रही, पाषाण होकर।

नारी शायद अपनी सम्पूर्णता में तभी आ सकती है जब उसके समक्ष श्री राम यानी कि संपूर्ण प्रेम हो। निश्छल, कोमल, पर दृढ़। नारी अपना पूरा जीवन उस एक पल की प्रतीक्षा कर लेती है जो उसको तैयार कर दे सहज स्वीकार के लिए, मुक्ति के लिए और समर्पण के लिए।

पर क्या ये बात सिर्फ़ औरत की है? क्या हमने कभी मुहम्मद साहब के

जीवन को ध्यान से समझने की कोशिश की है? नहीं कर पाए होंगे। करते तो समझते कि जो ज़िम्मेदारी, संकल्प, दृढ़ता और कठोरता मुहम्मद साहब के जीवन को संपूर्ण करती हैं, दूसरी तरफ़ वह उन्हें पाषाण भी तो बनाती हैं। युद्ध, बलिदान, आरोप और इन सबके साथ आध्यात्मिक यात्रा, आसान नहीं रही होगी।

महत्वपूर्ण तो वह परिवर्तन है, जो अहिल्या के जीवन में श्री राम के आने से हुआ और मुहम्मद साहब के जीवन में स्वयं ही घटित होता रहा प्रक्रिया की तरह।

एक तरफ़ कठोर और पराक्रमी मुहम्मद साहब, जो कबीलों के सरदारों से जीवन पर्यंत युद्ध ही लड़ते रहे, अंत समय तक। दूसरी तरफ़ वही हज़रत मुहम्मद साहब करुणा के सागर भी थे। जो बांटते रहे, हर चीज़ जो अतिरिक्त थी। सबका समावेश करते रहे। कठोर पर्वत माला के बीच कल-कल बहते झरने जैसा जीवन।

अहिल्या के बदलाव में वैसे संकट भी था। श्री राम का पैर जब अहिल्या रूपी चट्टान से टकराया होगा, लक्ष्मण ने तो योजना ही बना ली होगी चट्टान को ध्वस्त कर देने की। वह भी क्या करता, प्रेम वश वह भी, प्रेम वश अहिल्या भी।

लक्ष्मण ने सबकुछ छोड़कर अपने भाई श्री राम के शरण में रहना चुना, पर अहिल्या के लिए एक स्पर्श ही काफ़ी था।

वही चट्टान हम सब अपने भीतर लिए चल रहे हैं। पता नहीं कि श्री राम आयेंगे या मीरा की तरह ये ज़िम्मेदारी हमें ख़ुद उठानी पड़ेगी।

मीरा ने भी समर्पण के सफ़र में काफ़ी बार ख़ुद के अंदर रसहीन, उदासीन पाषाण का अनुभव किया ही होगा। जब तक अपने मोहन को अपने अंतर्मन में नहीं पा लिया होगा, तब तक पता नहीं कितने घाव लगे होंगे अपने ही भीतर के पाषाण से?

कृष्ण को भी यह अनुभूति हुई होगी, तभी अपनी बांसुरी राधा को समर्पित करते गए वृन्दावन छोड़ते हुए।

वक्त श्री राम का हो, कृष्ण का, मुहम्मद का या मीरा का, अहिल्या तो हर समय पाई जाती है। श्री राम बाहर शायद न मिल सके पर मीरा और मुहम्मद साहब की तरह सक्षम हम सब हैं, अपना राम पाने के लिए। बस थोड़ी प्रतीक्षा और थोड़ा धैर्य, पर सफ़र करते रहना होगा।

इस संदर्भ में मन्ना डे के एक खूबसूरत गीत की कुछ पंक्तियाँ याद आती है।

*जीवन कहीं भी ठहरता नहीं है*

*आँधी से तूफ़ाँ से डरता नहीं है*

*तू ना चलेगा तो चल देगी राहें*

*ओ ... तू ना चलेगा तो चल देगी राहें*

*मंज़िल को तरसेंगी तेरी निगाहें*

*तुझको चलना होगा, तुझको चलना होगा.....*

अजीब-सी परिस्थिति है अहिल्या की भी, कभी उनको अपने पति की आज्ञा, यानी की श्राप के सहज स्वीकार के लिये महान कहा जाता है, तो कभी उसी पति से विश्वासघात के लिए दोषी। प्रेम को समझना दुर्लभ है। हर हाल में अहिल्या भी थी तो प्रेम के वश में ही, सिर्फ़ पति होते ऋषि गौतम, यानी कि सिर्फ़ संबंध, तो कहाँ अहिल्या पत्थर होती?

अहिल्या का पत्थर होना तो हुई एक बात, पर जो बात सबसे महत्वपूर्ण है वह है पत्थर का अहिल्या हो जाना। जिसे कहेंगे ट्रांसफॉर्मेशन, परिवर्तन, जागरूकता, सचेतन।

पत्थर ने भी धैर्य धारण कर साक्षीभाव से जब इंतज़ार करने की कला को आत्मसात कर लिया तो वह अहिल्या हुआ। तो समझने वाली बात है कि जीते जागते मनुष्य के पास कितनी संभावना है।

मीरा और मुहम्मद दोनों को इस धैर्य का अर्थ समझ आ गया था।

मुहम्मद साहब को विश्वास तो था ही उस अपार शक्ति पर, जो सदैव ही उनके साथ रही, वह तीसरा, पर धैर्य यहाँ भी आवश्यक था।

मुहम्मद साहब एक बार जब हिरा पर्वत की गुफा में ध्यान मग्न थे तो उन्होंने फरिश्ते जिब्राइल को देखा। वह पहला सन्देश लेकर आए थे उस तीसरे का हज़रत मुहम्मद साहब के पास। उसके बाद मुहम्मद साहब तीन साल तक इंतज़ार करते रहे, ध्यान लगाने की कोशिशें की पर निराशा रही। एक बार तो उन्हें ऐसा लगने लगा कि शायद जो अनुभूति उन्हें पहले हुई थी, वह सिर्फ एक भ्रम था।

एक दिन अचानक से ऐसे ही उनको फिर एक सन्देश मिला और इस तरह से उन्हें तेईस साल लगे इस पूरी प्रक्रिया को समझने में।

मीरा को भी मुहम्मद साहब के वह तीसरे, यानी कि जिसका उल्लेख उन्होंने हज़रत अबू बकर से किया था, उसकी अनुपस्थिति पर विश्वास था ही। पर वह फिर भी उनकी उपस्थिति को अपने भीतर लिए नाचती रही और सबसे कहती रही....

<u>क्या पीर, क्या हरी ?</u>
<u>बस मैं और मेरी ही मेरी।</u>

तो क्या यह संभव है कि हर पत्थररूपी अहिल्या के लिए श्री राम आए? शायद इसीलिए गीता, कुरान जैसे ग्रन्थ लिखे गए होंगे ताकि मार्गदर्शन होता रहे।

हम जैसे हर पत्थर में अहिल्या बनने की क्षमता है|

असल में मीरा ने वही जीवन हमें जी कर दिखाया।



हम जैसे हर पत्थर में अहिल्या बनने की क्षमता है|

असल में मीरा ने वही जीवन हमें जी कर दिखाया।

# रूमी का हर शब्द मीरा

रूमी ने एक बहुत खूबसूरत बात सिखाई हमें, एक छोटी सी कहानी द्वारा;

ईश्वर की खोज में निकला हुआ एक आदमी ईश्वर के दरवाज़े पर पहुँचता है और जोर से दरवाज़ा खटखटाता है। अंदर से भी उतनी ही जोर से आवाज़ आती है।

"कौन है?"

वह आदमी कहता है  "मैं हूँ।"

अंदर से फिर आवाज़ आती है, यहाँ दो लोगों के लिए कोई जगह नहीं। तूं वापस चला जा।

वह आदमी चला जाता है। उसी भटकाव में, तलाश में घूमता, सालों बाद फिर एक बार वह वापस उसी दरवाज़े पर पहुँच जाता है। फिर से दरवाज़ा खटखटाता है तो अंदर से वही आवाज़ आती है  "कौन है?"

वह आदमी कहता है  "तूं ही है, मुझ में भी।" और वह दरवाज़ा खुल जाता है। ईश्वर के घर में उसका प्रवेश होते ही दरवाज़ा बंद हो जाता है।

रूमी कहते हैं, ईश्वर में और हम में दूरी सिर्फ इतनी ही है जितनी दिमाग में और दिल में। फिर जिस दिन दोनों एक हुए उसी दिन यह फासला

ख़त्म।

रूमी बात करते हैं प्रेम की, प्रीतम की। मीरा के प्रेम में और रूमी के प्रेम में सारी समानताएँ ही देखने को मिलती हैं। अगर हम धर्म से हट कर सोचेंगे तो।

जहाँ मीरा बात करती आई प्रभु में मिलकर ख़ुद से मिलने की, वहाँ रूमी ने कहा कि हम एक ही हैं, दो हैं ही नहीं। संयोग है इसमें भी।

१२०० से लेकर १५०० वर्ष ईसा पश्चात का फासला मीरा और रूमी का एक सोच की समानता से मिट गया। मीरा ने शायद कभी रूमी के बारे में सुना भी नहीं होगा, और रूमी तो अवश्य ही, असंभव है, दोनों में तक़रीबन ३०० साल का फासला है।

अफ़ग़ानिस्तान में जन्मे जलालुद्दीन रूमी की बहुत सारी मोहब्बत में डूबी, भक्ति में सराबोर रुबाई हैं जो इन दिनों काफ़ी प्रचलित हुई हिंदुस्तान में। यह सारी लिखावट पर्शियन या अरबी ज़ुबान में है। मीरा ने कहाँ पढ़ी भी होगी वो रुबाइयाँ? पर उन्हें पढ़ने की ज़रूरत ही क्या थी? प्रेम हर युग, हर समय में भाषा के बंधन से मुक्त है। कोई तकनीक तो है नहीं कि एक दूसरे से सीखी जाए।

जिन्हें बाद में सूफ़ी संत की उपाधि से नवाज़ा गया वह रूमी शिक्षक थे पर उनकी आध्यात्मिक खोज जैसे कि चली आ ही रही हो सदियों से।

एक समय की बात है, रूमी कहीं से गुज़र रहे थे तो उन्हें कुछ बच्चे रेगिस्तान के गाँव में खेलते नज़र आए। वह गोल-गोल घूम रहे थे और जब रुकते तो जोर से हँसते। रूमी ने उनकी नक़ल करते हुए वैसे ही घुमने की कोशिश की तो अनुभव किया कि इससे तो ऐसी मस्ती की अनुभूति हो रही थी जैसे की ईश्वर ख़ुद आके उनके साथ इस खेल में शामिल हो रहे हों!

बस और क्या चाहिए? प्रेमपूर्ण हृदय, जैसे अपने प्रेमी से मिल गया हो। और फिर रूमी बोले;

*"प्रीतम और प्रेमी का कभी कहीं संगम नहीं होता,*

*वह एकदूसरे में ही रहते हैं।"*

मीरा और रूमी का यह अनोखा मिलन था, जैसे दोनों ही एक दुसरे की बात कह रहे हों।

रूमी का यह वर्तन जिसे हम व्हर्लिंग कहते हैं, शायद यही होगा वह नाच जो घुँघर बांध रेगिस्तान में नाची थी मीरा अपने प्रीतम के प्रेमवश। वहीँ रूमी की रुबाइयाँ बनी मीरा के गीत।

यह तो जैसे सोच पाना भी असंभव है कि अगर यह गीत, यह रेगिस्तान का संगीत नहीं होता तो मीरा के मोहन को हम कभी समझ भी पाते।

रूमी ने इस व्हर्लिंग को इतना महत्व दिया है कि वो कहते हैं;

*सब कुछ भूल कर, नाच लो!!!*

*प्रियतम तक पहुँचने का माध्यम है नाच...*

मौलाना रूमी ३६ घंटे तक लगातार युँ ही घूमते रहे तो उन्हें यह महसूस हुआ कि हमारा केंद्र स्थिर ही रहता है चाहे हम कितना भी घूम लें। बवंडर उठता हो या आंधी उठती हो।

यह केंद्र ही है जहाँ अपने प्रीतम का घर है, जिसको बाहर ढूँढ रहे हैं वो स्थिर शांत हम में ही है, हम ही हैं। और बस, उसको पाने के लिए खुद से मुलाकात की ही ज़रूरत है।

और ईश्वर से मुलाकात का रास्ता है यह नाच जिसको मीरा ने अपने इकतारे पर झूमते और गाते हुए महसूस किया।

अपनी रुबाइयों में मोहब्बत को विश्राम देते हुए सूफ़ी फकीर रूमी ने संगीत से मौन सुमिरन तक का पाठ पढ़ाया सबको। रूमी कहते हैं;


## *"सिर्फ मौन ही ईश्वर की अभिव्यक्ति है - प्रेम है।"*

सूफी फ़क़ीर रूमी ने सूफ़ का परिचय दिया दुनिया को लेकिन आज भी उस सूफ़ को धर्मों में विभाजित करके ही देखा जा रहा है जिसे मीरा ने जी कर दिखाया।

मीरा या रूमी ही क्यों? सूफी कृष्ण भी थे, ईसा भी थे। जहाँ, जब तक प्रेम झलकता हो तब तक वहाँ सूफ़ की छाप है। पर धर्मों में बँटे लोग कहाँ समझ पाते हैं इस रहस्य को?

इस विभाजन में प्रेम की बलि देकर हम इस सूफियाना जीवन को नकार रहे हैं।

सूफ़ को बार-बार मरना पड़ा है, और जैसे ही प्रेम मारा गया वैसे ही सारे धर्म मरते गए।

सूफ़ एक समग्र प्रेम का, इबादत का धर्म है। यह धर्म नहीं जीवन का तरीका है, जीने की शैली। जहाँ खोने का डर और पाने की चिंता मिटी वो हुआ सूफ़।

जहाँ ज्ञान नहीं समर्पण की खोज हुई, वो हुआ सूफ़ और वो सारे अपने माशूक की तलाश में खुद को ढूँढने वाले आशिक हुए सूफ़ी। वही थी न मीरा? जिन्होंने अपने मोहन को पाया खुद में और खुद को उनमें खो कर।

पर यह ऐसा हो गया कि सूफ़ को हमने इस्लाम बना दिया जबकि सूफ़ी का इस्लाम से क्या लेना? ये तो हज़रत मुहम्मद साहब के भी पहले रहा होगा। यह सूफ़ ही है जो सदा रहा ही होगा। ना सुना गया हो, ना देखा गया हो, बस जिया गया हो और जीने वालों को पता भी ना हो।

सूफ़ सिर्फ रूह से रूह को जोड़ने वाली शैली है। वह शैली जो भेद ही मिटा दे भक्त और भगवान का। अब ना रूठने का रिवाज़ ना मनाने का। बस प्रेम का सागर, जिसमें डूबे तो हम उसके और उभरे तो वो अपना। और कोई लेन देन ही नहीं।

अगर किसी ने मीरा को समझा होता तो हम जान सकते कि वो पैगम्बर ही थी। हम उन्हें नवाज़ नहीं पाए क्योंकि हम धर्म में बँटते रहे और वह प्रेम में डूबती गई।

जैसे कि मौलाना रूमी कहते हैं;

*"जब तक प्रीतम बाहर की आँखों दीख रहे हो, तब भी बस एक खूबसूरत धोखा है,*

*जिस दिन प्रीतम और प्रेमी एक हुए, उस दिन प्रेम पूरा हुआ।"*

हजारों ख्वाहिशों के साथ जीते हुए, बस एक दिन अचानक हमें पता चलता है कि अब तो कोई इच्छा ही नहीं बची। उस महबूब की एक झलक को अपने भीतर पाया और यहीं से हुआ इश्क़ सूफ़ियाना। अब कोई ज़रूरत ही नहीं कि प्रेम का जवाब प्रेम हो, या कोई उत्तर भी हो। अब वो हो ना हो, वो है ही। अब जीवन का एक ही तरीका है, यह विश्वास कि

*यदि रौशनी आपके दिल में है,*

*तो आप अपना रास्ता ढूँढने में सफल होंगे*

*क्योंकि चन्दन सी खुशबू  तभी बिखरती है*

*जब हृदय राख होना शुरू होता है।*

मुहम्मद साहब के कुरान के रास्ते पर चलते हुए इबादत के सुरूर में उस खुदा से  मोहब्बत अगर हो पाई कभी, तो हम मीरा की तरह पा लेंगे खुद के भीतर के जूनून को और फिर आज़ादी की शुरुआत हो पाएगी। रूह की आज़ादी, यही तो जीवन होगा।

मुहम्मद साहब के इस्लाम को भी यह सूफ़ का स्वीकार होगा ही। अलग बात है, लोग चल नहीं पाते प्रेम के रास्ते पर क्योंकि कठिनाईयों का स्वीकार सबसे मुश्किल है और इसके बदले कुछ हासिल भी तो नहीं होता, महज़  मोहब्बत के सिवा, जो ना दिखाई देती है ना सुनाई पड़ती है।

क्या बस रूह की रुबाई में जीवन जीना आसान है, मीरा की तरह?

# मीरा और मृत्यु

आरंभ और अंत, इसमें पहले क्या होगा? लगता ऐसा है कि पहले शुरू होगा तभी तो जाके अंत होगा। पर इसी तरह से पहले कुछ ख़त्म हो तभी शुरुआत हो सकेगी। और ऐसे कुछ भी शुरू और ख़त्म होता ही नहीं। यह सिलसिला है, जो चलता रहता है। जो रीत है वह विपरीत हो गया है क्योंकि हम पहले मृत्यु को समझ ही नहीं पाए, मृत्यु का स्वीकार तो दूर की बात है।

असल में तो जीवन को जान लेना मृत्यु को जान लेने की बात हुई। पर जीवन ही इतना रहस्यमयी अनगिनत चादरों और परतों में लिपटा हुआ है कि इसे कौन जान सका है?

मृत्यु एक कला है जो निर्भीकता से आती है। जब हम स्वच्छंद होकर जीवन जी पाते हैं। और जीवन भी तभी जी पाते हैं जब मृत्यु का स्वीकार हो जाए।

बात वही हुई, आरंभ से अंत, पहले क्या? ये किसी को नहीं पता।

मीरा ने जीतेजी ही मृत्यु का स्वीकार कर लिया।

वो जान गई थी कि या तो मृत्यु को प्रेम से पाया जा सकता है या फिर प्रेम से मृत्यु को।

और उससे भी ज्यादा महत्वपूर्ण यह है कि उन्होंने मृत्यु का असली मतलब समझा था। उनको पता था मृत्यु बात मूर्छा की नहीं है, यह बात है होश की।

साँस के रुकने से रुकने वाला जीवन असल में मृत्यु नहीं होता, वो जान गई थी कि वो बस संसार से बिदाई का वक्त है।

मृत्यु तो वह होता है जो पत्थर में प्राण डाले, जैसे कि हज़रत मुहम्मद साहब ने जिया, बिना रुके, बिना थके। और यही मृत्यु प्रेमपथ पर मीरा ने भी जिया।

उन्होंने जाना कि किसी भी बड़ी चीज़ को पाने के लिए सबसे पहले तो मृत्यु का ही स्वीकार करना पड़ता है क्योंकि सबसे पहले जहाँ पर स्वीकार आया वहाँ एक मृत्यु घटा या कहे कि जीवन।

कैसा होता है ना कि अगर हमने किसी भी तरह एक शैली के विरुद्ध कुछ भी करना जान लिया, तो विरोध के साथ एक मृत्यु हुई?

अगर समर्पण आया तो आज से एक वह व्यक्ति तो हम नहीं रहे जिसके लिए विश्वास ही असंभव था।

जिस दिन मीरा ने **'श्याम मने चाकर राखो जी'** कहते हुए, लोक लाज और मर्यादा त्याग कर घुँघर बाँध नाचना शुरू कर दिया, उस दिन से मीरा ने स्वयं को मिटा कर मोहन में विलीनता का पथ चुन लिया। और उस दिन घटी एक ऐसी मृत्यु जहाँ से शुरुआत हुई मीरा के अमर होने की।

यह बात तो हम कर ही चुके हैं कि मीरा संभवतः हर किसी में है आज भी, तो इसका कारण उनका वो समर्पण है जिन्होंने उन्हें प्रेम की असीम ऊंचाइयों तक पहुँचा दिया। और उन ऊंचाई में उन्होंने पाया किसको? स्वयं को!

खुद को मार कर खुद से मिलना एक अद्भुत संयोग जैसा हुआ ना?

ऐसा समर्पण कि मृत्यु और प्रेम में अंतर ही न रहे वो सिर्फ मीरा ही कर सकती थी। मीरा ने यह साबित किया कि अगर प्रेम है तो रास्ते कैसे भी हो, आपकी आंतरिक शक्ति इतनी होती है कि आप सरलता से उस पर चल ही लेते हो। बार-बार एक के बाद दूसरी मृत्यु का स्वीकार करते हुए।

मीरा ने जब ज़हर का प्याला हाथ में उठाया होगा, तो क्या उनको यह ख्याल आया होगा कि अगले क्षण क्या होने वाला है?

कहते हैं, मीरा हँसते हँसते ज़हर पी कर अपनी मस्ती में गाते हुए वहाँ से निकल गई। मीरा ने यही सोचा होगा, मोहन की ही तो है, अब उसकी मर्ज़ी जैसे रखें, कीचड़ में खिले कमल की तरह या रेगिस्तान की रेत की तरह। मीरा की ज़िम्मेदारी नहीं थी यह सब सोचने की क्योंकि वो खुद को समर्पित कर, पहले ही मृत्यु का चयन कर चुकी थी और इस मृत्यु ने उनको दिया अधिकार प्रेम का।

उस दिन मीरा का जीवन तो हर हाल में था ही। मर जाती, तो भी अमर थी और जिंदा रही तो संत कहलाई।

क्या कई बार हमें यह नहीं लगता कि साँसे लेते हुए भी हम मर चुके होते हैं? जैसे कि  साँसों के रहते जीवन का छूट जाना।

मीरा ने जीवन और मृत्यु के भेद को मिटाकर अपने मोहन को सबसे उपर रखा, क्योंकि वो जानती थी, मृत्यु से प्रेम को पाया जा सकता है या फिर प्रेम को पाकर मृत्यु, और हर हाल में फर्क भी क्या पड़ता है, जब सारे रास्ते एक ही तरफ मुड़ रहे हैं?

मीरा ने ख़ुद को ख़त्म किया, अपने प्रेम को, अपने मोहन को ऊँचा उठाया उस दिन। उस समर्पण में, उस निर्भीकता से साफ़ यह साबित होता है कि

जीवन की कला जान गई थी मीरा, तभी ज़हर का प्याला अमृत हो पाया।

वो ज़हर के प्याले का अमृत होना प्रतीक था स्वीकार का। जब स्वीकार है तो क्या अंतर रहा मृत्यु और जीवन में?

स्वीकार ही है जो हर जीवन को मृत्यु से उन्मुक्त करता है। सुख और दुःख का कोई बँटवारा नहीं है अब यहाँ। तो इस तरह से जीवन के हर ज़हर के प्याले को अमृत बनाने के लिए स्वीकार की आवश्यकता है।

और इस मृत्यु के रास्ते प्रेम को पाने वाली मीरा ने ज़हर पी कर खुद को हासिल किया। मृत्यु बना मीरा के लिए अमरता का द्वार क्योंकि होशपूर्वक मरने वालों के लिए मृत्यु उत्सव होता है और यहाँ तो मृत्यु का चयन करने का अधिकार भी था मीरा को।

मीरा के लिए कृष्ण का नहीं होना आवश्यक था। अगर मोहन रह जाते तो मीरा खुद की नही हो पाती। उस प्रेम में जिसमें मीरा ने खुद को मारा पहले, मोहन की दीवानी ने वहीं यह भी साबित कर दिया कि मोहन का नहीं होना ही उनके प्रेम की सार्थकता थी। मोहन होते तो फिर दो हो जाते, पूर्ण नहीं होता प्रेम। मृत्यु में थोड़ी तकलीफ होती क्योंकि छूटने का डर रहता अपने प्रेमी से, अपने भगवान से। अब छूटने का भी कोई डर नहीं रहा।

अब प्रियतम तो नहीं थे पर प्रेम पराकाष्ठा पर। प्रीतम जाते कहाँ? बसना पड़ा मीरा कि चित्तशक्ति में, मीरा के मोहन बनकर।

मुहम्मद साहब ने प्याले में भरा ज़हर तो नहीं पिया, पर हर प्याले में उनके हाथ ज़हर ही आया। कभी चुनौती के रूप में, कभी अपेक्षा के रूप में, कभी ज़िम्मेदारी के रूप में और उनकी हर बार मृत्यु को अपनाकर जीवन जीते जाने की कला ने उन्हें अमर बना दिया। मीरा के पास प्रेम था, हज़रत मुहम्मद साहब के पास कर्तव्य, पर दोनों के ही कर्म निर्धारित थे। और दोनो ही निर्भीक बनकर चलते रहे।

मोहन की मीरा, मुहम्मद साहब से होकर, मीरा की मीरा होने तक, प्रेम और मृत्यु दोनों को स्वीकार करती अमर हुई।

मीरा **के** मुहम्मद

मोहन की मीरा, मुहम्मद साहब से होकर, मीरा की मीरा होने तक, प्रेम और मृत्यु दोनों को स्वीकार करती अमर हुई।

# विष या अमृत-स्वयं का केंद्र

हर ज़हर पीने वाला शिव नहीं होता और ना ही हर ज़हर का प्याला अमृत बन जाता है।

इस किताब में मीरा के ज़हर पीने की बात कई बार हो चुकी है और शिव के विष की बात करने का उद्देश्य भी क्या है?

यह तो बस बात है उस आनंद की, जिस आनंद के भाव में विष भी पिया जाए तो वह अमृत का ही काम करें।

बस एक ही छोटा-सा सूत्र है जीवन का - 'ख़ुद को खोज लो, ख़ुद को पा लो।'

प्रेम और भक्ति किसी की भी हो, किसी के लिए भी हो, अगर हम ख़ुद से अंजान रह गए तो अकारण ही जिये जाने से बढ़कर जीवन और कुछ नहीं हुआ।

फिर क्या रहा अर्थ, विष पिया या अमृत? दोनों का फल एक ही है। हम मृत ही थे, हैं और रह जाएँगे।

शिव और मीरा दोनों ही स्वयं में संपूर्ण कहे जा सकते हैं। विष में अमरत्व की घोषणा करने वाले। प्रेमी ऐसे जो काम और रति भी उनके सम्मान में नाचे और योगी भी ऐसे कि ध्यान में तल्लीन सबसे दूर, एकाग्रता

में खोये शिव। विरह में तांडव करने वाले शिव और वही तांडव शिव के क्रोध का प्रतिक भी बना।

और शिव का एकान्त मीरा का स्वभाव, अवस्था। किसी दूसरे की आवश्यकता ही नहीं।

जिसकी खोज ही स्वयं की हो, फिर उसे किसी और से क्या लेना? मीरा और शिव में कोई वैसे समानता तो नहीं, पर बात वही है, भेद भी क्या?

मीरा ने जब विष पिया, इस विश्वास के साथ पिया कि जो मोहन बनकर उनके अंतर्मन में बिराजमान है, वह कभी मर ही नहीं सकता।

अगर हम ध्यान से देख पाएँगे तो पता चलेगा कि जो भी हमारे जीवन में घट रहा है, उसका केंद्र हम ही हैं।

कोई भी ज्ञान, उपदेश तब तक हमारे कोई काम का नहीं जब तक हमने अपने भीतर के विष और अमृत का स्वाद ना चखा हो।

मीरा ने चख लिया था अपने हृदय में ऐसा अमृत जो उसके बाद विष बेअसर हो चुका था। अपने हृदय में गोते लगाना सबसे ज़रूरी है।

आदि देव ने उस विष का खंडन, उसका सेवन कर, बहुत पहले ही कर दिया था। पर क्या वह सही मायने में सेवन था? शिव बड़े क्षमतावान थे।

हम हमेशा से सुनते आए हैं कि शिव सबसे पहले ध्यानी थे। शिव के ध्यान का अर्थ क्या है? विचार, सोच, कल्पना की शून्यता। वही शून्यता मीरा ने पाई प्रेम से, प्रेम में डूब कर।

जिस निर्विचार चैतन्य की अवस्था में शिव रहे, ध्यान मग्न, उसी अवस्था में मीरा रही प्रेम मग्न।

पर दोनों का विष उन्हें मृत्यु नहीं दे सका क्योंकि वह मन की मृतवस्था

में ही जीवित थे।

शिव ने विष धारण किया, उसको कंठ में रोक कर। मीरा ने विष का स्वीकार किया उसको पीकर।

शिव में पूरी सृष्टि है और अगर शिव विष पी लेते तो सारी सृष्टि ख़तरे में पड़ सकती थी, परंतु ऐसा न करते हुए उन्होंने विष को अपने कंठ में ही रोक लिया और सृष्टि की रक्षा की। और दूसरी तरफ़ मीरा, जिसने विष का सेवन करके ऐसे समर्पण की संभावना सबको दिखा दी कि विष को भी अमृत किया जा सकता है। इसलिए यहाँ मीरा और शिव के विष का स्वाद अलग-अलग हो जाता है।

यहाँ एक बात उल्लेखनीय है कि, शिव के बहुत सारे भक्त हुए क्योंकि शिव का भक्त होना भी एक अहंकार और अभिमान की बात है। कहीं धूनी रमाए बैठे भक्त तो कहीं ध्यान की चेष्टा में लगे भक्तों में एक कठोरता और ज़िद देखी जाती है। क्योंकि साहस को हमने कुछ अलग अर्थों में समझा। शिव का साहस उनके पराक्रम का प्रतिक था क्योंकि वह निःस्वार्थ था।

पर हम भक्तों ने उसको अपने अहंकार का केंद्र बना लिया।

पराक्रम का हो या समर्पण का, स्वीकार दोनों का ही अत्याधिक कठिन है क्योंकि इसमें सबसे पहले 'मैं' का बहिष्कार होता है फिर जाके स्वीकार।

क्या कभी नटराज को देखा है हमने, नृत्य की अवस्था, शिव का नर्तन, जो ध्यान की उत्तम विधि है? नृत्य हमें उस परम अवस्था तक लेकर जाता है जो हमें अपने भीतर की सभी भावनाओं से जोड़ता है, आंतरिक चेतना से जोड़ता है। मीरा ने वही चेतना से जुड़कर अपने भावों को एकीकृत किया और शून्यता में शेष हो गयी।

ना ही तो हम साहसी हो पाते हैं कि विष को रोक लें और ना ही प्रेमी

जो विष का पान कर लें।

असल में साहस और प्रेम दोनों के ही माध्यम से पाना तो स्वयं को ही है। हम साहस का पथ चुन रहे हों या प्रेम का अंततः बात समर्पण पर ही रूकती है।

साहस का इस्लाम में बड़ा महत्व रहा है। शुरुआत से ही, कुर्बानियाँ इस्लाम के स्तंभ रहे, पैगम्बर का पूरा जीवन, कुर्बानी का इतिहास। हसन और हुसैन, हज़रत मुहम्मद साहब के नवासे जिन्होंने ख़ुदा के सजदे में सर झुकाया ऐसा कि ख़ुद भेंट हो गए। कर्बला की लड़ाई कैसे कोई भूल सकता है और वह नाज़ुक उम्र में हुसैन  की कुर्बानी?

ख़ुद को भुला कर, ख़ुद को मिटा कर ख़ुद का क़ायम रखना कहाँ आसान होगा ?

अरावली पर्वत की तरह बस खड़े रह सकते हैं, उसकी मर्ज़ी को मान कर। अब चाहे रेत के टीले खड़े होते रहे या फिर बारिश की फुहार।

जैसे हज़रत मुहम्मद साहब खड़े रहे, अडिग।

देव मेरे मैं क्या लिखूँ, एक छोटी सी पाती ये,

प्रेम नहीं, पूजा नहीं

तेरे होने की अनुभूति ये।

मैं अविरल बहती धारा हूँ, निर्वासित उस सरिता की,

जिसका उद्गम लक्ष्य रहित है,

प्रवाह भी, प्रतीक्षा भी।

जाने कब से वहीँ खड़ी हूँ, छोटी सी एक आस लिये,

जिसने विष को कंठ में धारा,

क्या वो देव ना होंगे प्राण मेरे?

मैं शुन्य हुई, तुम साहिब मेरे,

बस इतना सा बंधन ये,

सांसे तुम तो जीवन, मृत्यु तुम तो समागम!!

# मोहन की यात्रा से मुहम्मद साहब के सफ़र तक

क्योंकि बात एक चेतना की है, हर युग में हर समय में उपस्थित उस शक्ति की है, तो सोचने वाली बात है ही कि, मोहन और मुहम्मद साहब कैसे एक दूसरे की उपस्थिति को साबित करते हैं।

कुरान वैसे तो मुहम्मद साहब के मृत्यु के सालों बाद एकीकृत किया गया था ताकि, जो भी ईश्वरीय पैगाम के रूप में पैगम्बर हज़रत मुहम्मद लोगों को बताना चाहते थे, वह सारी बातें शाश्वत हो जाए।

और होता भी क्यों नहीं? जो शाश्वत ही है, बस उसको उपयुक्त ढांचा ही तो देने की कोशिश थी यह सब।

चाहे वह गीता के उपदेश हो या कुरान की आयत, इन दोनों में जो पैगाम सबसे महत्वपूर्ण है वह है कर्म और प्रेम।

दोनों ही में उल्लेख पाया गया है इस बात का कि ईश्वर शाश्वत है, पर निराकार है। उसका कोई रूप और आकार नहीं हो सकता पर सत्य ईश्वर ही है। चाहे वाणी कृष्ण की हो या मुहम्मद साहब की, यह तो हम मानते ही हैं कि पैगम्बर तब-तब आएंगे जब-जब हम धर्म की भारी क्षति की तरफ़ बढ़ रहे होंगे। जब हम इंसान कम और संघारक ज़्यादा बन जाएँगे।

हालाँकि हिन्दू धर्म यह भी कहता है कि पैगम्बर यानी कि संदेशवाहक

और देवता में अंतर है और कृष्ण कोई संदेशवाहक नहीं थे। मुहम्मद साहब, ईशु यह लोग हुए संदेशवाहक क्योंकि उन्होंने ईश्वर का आदेश या संदेश अपनी तरह से समझ कर लोगों को समझाया। पर दूसरी तरफ़ मोहन स्वयं ईश्वर थे।

अब ज़रा रुक कर सोचते हैं, तो हम में से कौन नहीं है ईश्वर का अंश? हम सब इस क्षमता के साथ ही आए हैं इस दुनिया में, ईश्वर होने की।

मोहन ने भी तो संसार को रास्ता दिखाने और सही ग़लत का भेद समझाने का ही कार्य किया।

फिर दोनों भिन्न कैसे हुए?

अच्छा क्या हमने कभी भी कोई समानता देखी है, भिन्नता के साथ?

संयोगवश, मोहन और मुहम्मद साहब जन्म से ही अपने माता पिता से बिछड़ गए थे और उनका पालन पोषण दूसरों द्वारा किया गया था।

बचपन में दोनों ही चरवाहे थे। मोहन गाय चराते तो हज़रत मुहम्मद साहब भेड़ बकरियाँ। दोनों ही के बारे में कहा जाता है कि दोनों बहुत खूबसूरत थे। मोहन के रूप का वर्णन तो हम सुनते आए हैं, पर हज़रत मुहम्मद साहब के रूप के बारे में ज़्यादा कुछ कहा नहीं गया है पर निश्चित ही, वह भी खुबसूरती की चरम सीमा ही रहे होंगे, रूप भी तो गुण पर निर्भर करता है।

दोनों को ही अपनी जन्मभूमि और कर्मभूमि छोड़नी पड़ी, कभी कुछ तो कभी किसी कारण से। मोहन मथुरा के कारागृह में जन्मे। और जन्म पश्चात ही वहाँ से गोकुल ले जाए गए, उनकी सुरक्षा के लिए। वहाँ पले बढ़े, पर फिर वहाँ सब कुछ छोड़कर आगे बढ़ते चले। मुहम्मद साहब ने भी शुरू से ही यह बंजारापन जिया। बंजारों की टोली में बचपन गुज़रा।

फिर जब वापस घर भी आए तो भी मक्का में जन्मे हज़रत मुहम्मद साहब को जीवन मदीना में गुज़ारना पड़ा और अपने ही घर वापसी के लिए अनेकों युद्ध लड़ने पड़े और यह सिलसिला चलता ही रहा। अंतत: कभी पर्शिया तो कभी तुर्की, पर प्रवास ही रहा। दोनों साक्षी बने अपने जीवनकाल में एक के बाद एक कई अपनों की मृत्यु के।

दोनों ने ही एकेश्वरवाद का संदेश दिया है।

दोनों ने ही बांटा प्रेम, पर कर्तव्य पथ पर युद्ध लड़ने पड़े। कभी शस्त्र से तो कभी शास्त्र से। दोनों ही स्वभाव से शांत और सरल थे, हृदय प्रेमपूर्ण। जहाँ एक तरफ़ मोहन की गीता में उल्लेख है धर्म युद्ध का, ऐसा कि धर्म की रक्षा के लिए शस्त्र भी उठाने पड़े तो ठीक है, वैसे ही कुरान में उल्लेख है जिहाद का, पर इन दोनों ही सूरतों में बात किसी एक धर्म की कभी नहीं की गई। या ऐसा कह सकते हैं, यहाँ बात ही धर्म से ज़्यादा कर्म की थी। गीता और कुरान दोनों में ही बात समर्पण की है, विश्वास की।

राधा कृष्ण का प्रेम जहाँ उदाहरणों से भी परे है, वहीँ यह भी कहा जाता है कि मुहम्मद साहब और उनकी पत्नी खदिज़ा जैसी मोहब्बत भी कहीं देखी नहीं गई। और बावजूद इसके हज़रत मुहम्मद साहब ने कई सारे विवाह किये। कारण जो भी हो, पर समानता तो कारण में भी थी। कृष्ण भी, कहा जाता है कि स्त्री की रक्षा करने के लिए उनसे शादी कर, उन्हें आसरा देते थे ताकि उन पर भविष्य में कोई संकट ना आए। वैसे ही मुहम्मद साहब कभी युद्ध में जितने के बाद महिला के सम्मान की रक्षा के लिए तो कभी इस्लाम को मज़बूत करने के इरादे से एक तरह से संबंधों की छाँव में औरतों की हिफाज़त करते। वैसे समय मोहन का हो या मुहम्मद का, न जाने क्यूँ हमेशा शक्ति का श्रोत स्त्री को अपनी ही रक्षा के लिए पुरुष पर आश्रित रहना पड़ा?

यह विद्रोह की स्थापना भी सिर्फ़ मीरा ही कर पाई थी।

मोहन और मुहम्मद साहब दोनों ने लांछन भी उठाए, कभी छलिया तो कभी कठोर कहलाए। मोहन ने कौरवों की सेना के खिलाफ षड्यंत्र भी रचे, सत्य की विजय के लिए। तो वहीं दूसरी तरफ़ मुहम्मद साहब ने भी युद्ध में विजयी होने के लिए बहुत से ऐसे क़दम भी उठाए जो उन्हें निजी तौर पर पसंद नहीं रहे होंगे पर वह उस समय की आवश्यकता थे।

तो अगर देखा जाए तो मोहन और हज़रत मुहम्मद साहब दोनों ने ही कर्म पथ पर चलते हुए, पसंद-नापसंद के कार्य किए जो, यहाँ समझने वाली बात है कि वक़्त की ज़रूरत थी।

अब बात करते हैं मीरा की। उसको क्या पड़ी थी यह सब झमेलों में पड़ने की ? उनका का कर्म और धर्म सब प्रेम ही था।

ना कहीं कुछ साबित करना था और ना ही उनको कोई युद्ध लड़ने थे।

सबसे अच्छी तो यह बात है कि उन्हें अपने आप के साथ भी कोई आंतरिक लड़ाई नहीं लड़नी पड़ती थी।

स्वयं के स्वीकार में ईश्वर का स्वीकार करके मीरा ने गीता के ज्ञान और कुरान के पैगाम दोनों से ही बड़ी सीख हासिल कर ली थी।

मोहन और मुहम्मद साहब के जीवन काल में उनके इतने प्रशंसक नहीं थे, हालाँकि आज उनके नाम जपने वाले बहुत हैं।

पर तीनों ही में सबसे बड़ी समानता यह है कि, हम तीनों ही को समझ नहीं पाए। मोहन और मुहम्मद साहब जहाँ कर्तव्यों का वहन करने के लिए आज भी ग़लत समझे जा रहे हैं वही मीरा प्रेम के लिए।

मीरा श्रेष्ठ हैं, क्योंकि वह असामान्य पागल हैं, दीवानी हैं।

# ना अंतर ना भेद

श्री राम जब सीता माता की तलाश में वन-वन भटक रहे थे भाई लक्ष्मण के साथ, तो वह पहुँचे शबरी की कुटिया में।

शबरी एक ऐसी भक्त थी जिन्हें सब्र और श्रद्धा की प्रतिमूर्ति कहा जाता है। फिर एक पड़ाव समर्पण का|

वह वर्षों से श्री राम का इंतज़ार कर रही थी। शबरी की ऐसी भक्ति थी कि उन्हें यह भी ध्यान नहीं रहता था कि कई वर्षों से वह राम की प्रतीक्षा में जूठे बेर उनके लिए संजोये रखे जा रही थी।

पेड़ से बेर गिरते तो उन्हें पहले खुद चखती और जो मीठे होते उन्हें श्री राम के लिए रख देती।

आखिर कैसे नहीं आते श्री राम शबरी से मिलने? शायद उनके अवतरण का उद्देश्य ही यही था।

वो जूठे बेर चाव से खाते हुए श्री राम ने शबरी से पूछा कि क्या उन्होंने सीता को कहीं देखा है?

शबरी मुस्कुराते हुए बोली, "प्रभु आपने मुझे ढूँढ निकाला तो सीता को तो ढूँढ ही लेंगे आप। मुझे तो कभी देखा भी नहीं था आपने। सीता माता आपसे दूर ही कब हुई?" श्री राम नतमस्तक हुए।

आख़िर श्रद्धा और सब्र के आगे तो चट्टानें भी झुकी हैं। वह श्रद्धा से भरी चट्टान जो अहिल्या होने की प्रतीक्षा करती रही।

मुहम्मद साहब ने जिस मोहन की मूर्ति का खंडन कर वर्षों पूर्व ही उसके निराकार का स्वीकार किया था, उसी मोहन को मीरा ने अपने हृदय में समावेश करके उसे अपना आधार बनाया।

यहाँ हम ऐसा सोच सकते हैं कि मुहम्मद साहब को खंडन करने की भी क्या आवश्यकता थी या मीरा को नाम की भी क्या ज़रूरत? कभी-कभी कुछ बातों को बोल कर और उस पर अमल करने की ज़रूरत होती है ताकि पीछे आने वालों के लिए सफ़र में क़दमों के निशान रह जाएँ और उनका चलना आसान हो पाए।

यह आधार मीरा के मोहन या मुहम्मद के लिए ज़रूरी नहीं था।

यह आधार मीरा के स्वयं के होने के लिए ज़रूरी था। जिस आकार को मुहम्मद साहब ने मिटाया, उसी निराकार को मीरा ने अपने भीतर ज़िंदा कर लिया था। प्रेम मार्ग से भक्ति तक पहुँचे हम, तो फिर प्रेम हुआ भक्ति और यहाँ से शुरू होता है समर्पण। वही समर्पण जिसके कारण ख़्वाजा मोईनुद्दीन चिश्ती के सितार से ख़ुद ही मधुर संगीत की तान बिखरने लगी थी, बिना बजाए। कहा जाता है कि ख़्वाजा मोईनुद्दीन चिश्ती को संगीत से बहुत लगाव था। एक बार उनसे मिलने हज़रत अब्दुल कादर जिलानी आने वाले थे। अब क्योंकि इस्लाम में संगीत को हराम माना जाता है, ख़्वाजा, अब्दुल कादर जिलानी की उपस्थिति में रियाज़ नहीं कर सकते थे और उन्होंने अपने सितार को छुपा कर रख दिया था। लेकिन जैसे ही रियाज़ के वक़्त पर ख़्वाजा नहीं पहुँचे तो ख़ुद बख़ुद ऐसी तान छिड़ी की हज़रत अब्दुल कादर जिलानी को ख़ुद ही कहना पड़ा ख़्वाजा से कि वह अपना संगीत जारी रखें। आख़िर सुफ़ कैसे संगीत से अलग हो सकता है?

इस बात से यह समझ में आता है कि संगीत बंधन है मुक्ति का, लय

और ताल का सम्मिलन, जैसे कि रूह का रूह से जोड़। वह तार जो ख़ुद बख़ुद बज उठे थे उससे समझ आता है कि संगीत रूह का सफ़र हुआ, जैसे सूफी का सम्मिलन संगीत से।

यह प्रेम और समर्पण की भावना से जो अधिकार मिलता है, फिर वह अधिकार नहीं रहता, वह भी प्रेम का ही एक रूप बन जाता है। वही जिसमें हम दो नहीं रहते। तो यह अधिकार हमारा उस एक पर तो हो ही सकता है जो साँस के चलने तक अटल है। अब उस प्रेम में मुहम्मद साहब की तरह सारे नाम मिटा कर डूबे या मीरा की तरह नाम देकर डूबे, पाना तो ख़ुद को ही है। या फिर ऐसे कहें कि.....

*<u>गर ख़ुदी से की वफ़ा,</u>*

*<u>तो ही वफ़ा होगी ख़ुदा से।</u>*

श्री राम रावण को मारने नहीं आए होंगे। रावण के पास तो इच्छा मृत्यु का वरदान था। श्री राम के हाथों मरना भी रावण ने ख़ुद ही चुना था। श्री राम आए होंगे उसी अहिल्या के सब्र के आगे हारकर। प्रतीक्षा में बूढी हुई जा रही शबरी के जूठे बेर चखने आए होंगे श्री राम, प्रेम से भरकर।

मोहन के लिए क्या गीता का उपदेश ही महत्वपूर्ण था? वह न चाहते तो महाभारत का युद्ध होता ही क्यूँ? उनकी बांसुरी की एक धुन पर मंत्रमुग्ध होकर क्या सब शस्त्र का त्याग नहीं कर देते?

मुहम्मद साहब भी कुरान लिखवाने नहीं आए होंगे। नाहीं तो इस्लाम की स्थापना भी उद्देश्य हो सकता है।

यह सब लोग मीरा होने आए थे। अपनी खोज करने, बाहर की दौड़ छोड़कर, अपने भीतर अपनी चेतना में प्रभु का स्वरूप पाकर ख़ुद को स्वच्छंद करने।

मीरा यह समझती थी और यही मीरा ने जिया भी।

और ऐसे सब हुए मीरा, तो मीरा क्या हुई? मीरा को क्या होना था? वह मीरा ही रही।

यही स्वछंदता का अवसर हम सब के पास है। अपनी आंतरिक चेतना को ही तो पाना है। और है ही क्या मीरा?

मीरा किसी की नहीं, बस मीरा एक अवस्था, जैसे कि प्रेम, ध्यान, जैसे जीवन, जैसे मृत्यु। जैसे यथार्थ, शक्ति और मौन का। मिठास, प्यासे को शरबत की शीतलता।

मीरा बस एक अवसर है जो हम सबके पास है, हो जाने का।

सब मीरा में समाहित हैं और सब में मीरा।

मोहन और हज़रत मुहम्मद साहब के ज्ञान और उपदेश को मीरा ने जी कर दिखाया। और साथ ही यह बताया कि होना संभव है, मीरा, सब के लिए।

> होना ही काफ़ी है तेरा,
> और क्या सबूत है उसके वजूद का?

यह है सफ़र मीरा के मुहम्मद का। चर्चा ना धर्म, ना सदी की। बस समर्पण और स्वीकार की, क्षमता और अधिकार की, प्रेम और विश्वास की।

सबसे पूर्णतय जुड़कर ख़ुद में शून्य होने की।

"सफ़र तुम्हारा है,
तुम ही तय करो
सफ़र में मंज़िलें नहीं,
मुश्किलें आती हैं,
मिलती है ख़ाक..."

# भाविन शास्त्री-लेखक

मैं समझूँ या ना समझूँ,

मानूँ या ना मानूँ,

तेरी बेहिसाब रहमत बरसती ही रहती है।

अब तुझे ख़ुदा कहूँ ना कहूँ,

तेरी कुछ ख़ाक से मेरी झोली भरी ही रहती है।


बस इसी विश्वास के साथ अपना सफर तय करने वाले भाविन शास्त्री जीवन, संगीत और अध्यात्मिक खोज की निरंतर यात्रा पर है। उनका मानना है कि सबसे अनमोल चीज़ जो हमें हर रोज़ मिलती है, वह है सोच। यह सोच ही है जो बुद्ध और कबीर बनाती हैं हमें, अगर हम सही तरह से उसको समझ पाएँ। भाविन शास्त्री आध्यात्मिक क्रांति को जी रहे हैं और इसीलिए वह दूसरों को भी उत्साहित करते हैं अपने भीतर ईश्वर से मुलाकात करने के लिए।

वह कहते है कि अपनी संभावनाओं को समझ कर अब ईश्वर बनने का समय आ गया है। इसके लिए बस अपने भीतर की उस शक्ति को ढूँढने

की आवश्यकता है जो सबसे पहले हमें इन्सान बनाती है।

'वह मुहिम जो मानव को अपने आत्म का साक्षात्कार करने का हौसला दे, वह वास्तविक यात्रा है।'

भाविन शास्त्री  एक प्रख्यात कलाकार है, जो अपने संगीत के माध्यम से प्यार और शांति का संदेश बाँटते है - एक ऐसी शख़्सियत, जो मानवीय भावनाओं को समझते है और जीवन एक साक्षी की तरह जीते है।

उनके जादुई गायन और सूफ़ी जीवन शैली के लिए उन्हें 'शहनशाह-ए-सूफ़ी' के ख़िताब से सम्मानित किया गया है। लेकिन जब उनसे पूछा जाए सूफ़ के बारे में तो वह कहते हैं कि सूफ़ सिर्फ रूह है। इसमें कोई शहंशाह या फ़क़ीर  नहीं, सिर्फ प्रेमी हैं। जिनकी खोज को विराम मिल चुका हो और कृतज्ञता आचरण हो जाए, वह हुआ सूफी।

**'जो कला आपको मोक्ष नही दिला सकती, वह एक अभिशाप है। कला और है भी क्या? जो भी परिस्थिति या कर्म भरपूर आनंद देने लगे वही हुई कला।**

भाविन शास्त्री

लॉकडाउन -21-मैं से मसीहा, पुस्तक के रूप में उनका पहला साहित्यिक उपक्रम है और अब वह अपनी दूसरी किताब, 'मीरा के मुहम्मद' के रूप में अपनी विचारधारा को प्रस्तुत कर रहे है।

वह एक सच्चे देशभक्त है और उनकी बातों और कार्यक्रम में उनका राष्ट्र प्रेम और सम्मान झलकता दिखाई पड़ता है।  सामाजिक विकास और उत्थान के कार्य में उनका प्रमुख योगदान रहा है। 'जो प्राप्त है वह पर्याप्त है' और 'जो अतिरिक्त है उसे बाँटने का गुण' सीखने का संदेश देते हुए उन्होंने बाँटने के सिद्धांत को अपने जीवन में अपनाया है। एक

अद्भुत वक्ता होने की वजह से, वे काफी आसानी से युवाओं के साथ जुड़ कर उन्हें खुद पर भरोसा करने के लिए प्रेरित करते है।

अजीब सा शहर है तेरे अंदर,

तेरी हुकूमत, तूं ही गुलाम...

मीरा **के** मुहम्मद

अद्भुत वक्ता होने की वजह से, वे काफी आसानी से युवाओं के साथ जुड़ कर उन्हें खुद पर भरोसा करने के लिए प्रेरित करते है।

अजीब सा शहर है तेरे अंदर,

# शुक्राना

सबसे पहले उस सोच को सादर नमन जो हमें हर रोज़ भेंट स्वरुप मिल रही है| शायद यह सोच ही है जिसकी वजह से जीवन के पास मकसद है|

उसके बाद उन सांसों का जिनके होने की वजह से हम अपने कर्म कर पा रहे हैं| आखिर जब तक हम जीवित हैं, तभी तक सम्भावना है कुछ कर के जाने की|

कर्म ही तो आख़िर जीवन है|

और फ़िर उस जागरूक चेतना को नमन जो साक्षी की तरह हमे सही और गलत का निर्णय लेने की योग्यता देती है|

प्रकृति, जिसने इतनी सारी उर्जा की व्यवस्था की है, उसको शुक्रिया अदा करने से हम चूक जाते हैं|

सूरज को उम्मीद और साँझ को शीतलता के लिए तहेदिल से शुक्रिया|

मेरे किरदार को एक दिशा देने के लिए ओशो को सादर नमन|

हर वह व्यक्ति और परिस्थिति जिसने हमारी सोच को ठहराव दे कर स्पष्ट समझने में कोई योगदान दिया हो, उनके समक्ष मैं, भाविन शास्त्री नतमस्तक|

**प्रिय पाठक,**

इस पुस्तक को पढ़ने वाले हर एक पाठक से निवेदन है कि सबसे पहले यह समझें कि यह किताब धर्मों के आधार पर हुए विभाजन की बात नही करती| हम यहाँ बात सिर्फ अवसर की कर रहें हैं| आख़िर आध्यात्म ही तो मकसद है किसी भी धर्म का|

तो बुद्धत्व का अवसर जैसे हर किसी के पास है वैसे ही हम उस सम्भावना की बात यहाँ कर रहे हैं जो है मीरा|

बस जब प्रेम जीवन का पर्याय हो गया तो हम हो गए मीरा|

इस किताब के माध्यम से हम अपनी सोच प्रस्तुत कर रहे हैं जो शायद किसी के काम आ सके|

यह किताब आपके भीतर की आध्यात्मिक क्रांति की तरफ़ ज़रूर आपका रुझान ले जाएगी और जब वह क्रांति घटेगी तो हमारे स्वयं से मिलने के अवसर बनेंगे|

हर पाठक को हमसे सहमत या असहमत होने का अधिकार है| इस सन्दर्भ में अगर आप हमसे बात करना चाहें तो ई-मेल करें:

uchitathakkar5308@gmail.com